# TRAITÉ
DES
# LOCATIONS.

DE L'IMPRIMERIE DE C.-F. PATRIS.

# TRAITÉ
# DES LOCATIONS,

OU

## LE GUIDE DES PROPRIÉTAIRES,
## LOCATAIRES ET FERMIERS;

Dans lequel on trouve rassemblés et présentés méthodiquement les lois, réglements et arrêts des différentes Cours d'appel et de la Cour de cassation sur les baux à loyer et les baux à ferme; des instructions sur les obligations et les droits respectifs des Propriétaires, principaux Locataires, sous-Locataires et Fermiers; les sentiments et décisions des plus célèbres Jurisconsultes sur toutes les difficultés et contestations qui peuvent s'élever entre les Propriétaires, Locataires et Fermiers; les usages sur les époques d'entrée et de sortie, de paiement, de congé, sur les réparations qui concernent les propriétaires, et sur celles qui sont à la charge des locataires et fermiers;

SUIVI DE FORMULES DE TOUTES ESPÈCES DE BAUX ET D'ACTES QUI ONT RAPPORT A LA LOCATION.

Ouvrage utile non seulement à tous les Propriétaires, Locataires, Fermiers et Usufruitiers, mais encore aux Avocats, Notaires, Avoués, Huissiers, et à toutes personnes chargées de régie et d'administration de biens.

PAR M. LÉOPOLD,

*Ancien Docteur en droit et Avocat au ci-devant Parlement de Paris.*

PARIS,

PATRIS et Cie, Impr.-Libraires, rue de la Colombe, n° 4;
BLANCHARD et Cie, Libraires, rue Mazarine, n° 30.

1811.

# AVIS DE L'AUTEUR.

Il n'est point de partie de notre jurisprudence d'un intérêt plus général que celle du contrat de louage. Tous les hommes sont ou propriétaires ou locataires ; tous les hommes doivent par conséquent connaître les lois, les réglements et les usages qui concernent les locations. Cependant combien de contestations et de procès s'élèvent tous les jours entre des propriétaires et des locataires, faute de connaître ces mêmes lois, réglements et usages, qui se trouvent à la vérité épars dans un grand nombre d'ouvrages et qui exigent des recherches et un travail auxquels il est impossible à tout le monde de se livrer!

Pour faciliter cette connaissance, j'ai rassemblé dans le *Traité des Locations* que je présente au public, tout ce qui existe et tout ce que l'on peut désirer sur cette partie.

La loi du 7 mars 1804 sur le *Contrat*

*de louage*, formant le Titre VIII du Livre III du Code Napoléon a été mon premier guide. A l'aide des discussions du Conseil d'Etat et du Tribunat sur la rédaction de cette loi, de l'exposé de ses motifs par M. le conseiller d'état Gally, du rapport qui en a été fait au Tribunat par M. le Tribun Mouricault, et au Corps législatif par M. le Tribun Jaubert, j'en ai donné l'interprétation et l'explication la plus claire et la plus précise qu'il m'a été possible.

Pour suppléer au silence de cette loi sur une infinité de cas particuliers, j'ai interrogé les lois Romaines et présenté leurs décisions. Je me suis pareillement aidé des sentiments de nos jurisconsultes les plus célèbres qui ont traité de cette matière, tels que,

Domat, *Lois civiles*;

Pothier, *Traité des Obligations*; *Traité du Contrat de Louage*;

Gui-du-Rousseau de Lacombe, *Recueil de Jurisprudence*;

Bourjon, *Droit commun de la France*;

Desgodets, *Lois des Bâtiments ;*

Goupil, *Notes sur* Desgodets ;

Dumoulin, Auzanet, Duplessis, Ferrière, *Commentaires sur les articles* 161, 162, 171, 227, 262, 287 *de la Coutume de Paris ;*

Denisart, *Collection de Jurisprudence ; Recueil des actes de Notoriété du Châtelet de Paris;*

Ferrière, *Dictionnaire de Droit.*

La plupart de ces mêmes auteurs m'ont fourni les usages locaux que j'ai donnés.

Les arrêts anciens et modernes, et notamment tous ceux du Tribunal de Cassation qui ont rapport à cet objet, m'ont servi d'appui en diverses circonstances.

Les articles du Code de procédure civile relatifs à cette partie, y sont rapportés dans l'ordre qui leur convient.

Pour ne laisser rien à désirer aux propriétaires et locataires, j'ai terminé mon travail par un recueil de formules d'actes de toutes espèces qui concernent les locations.

Cet ouvrage, par sa nature, étant destiné à être entre les mains de toutes les personnes des différentes classes de la société, je me suis particulièrement attaché à le mettre à la portée de tout le monde par sa précision et sa simplicité.

---

# TRAITÉ DES LOCATIONS,

## OU

## LE GUIDE DES PROPRIÉTAIRES, LOCATAIRES ET FERMIERS.

## OBSERVATIONS PRÉLIMINAIRES.

La *location* est l'action par laquelle on cède ou on reçoit la jouissance d'un objet, moyennant une certaine rétribution.

On nomme *louage*, l'engagement par lequel on s'oblige à donner ou à prendre cette même jouissance.

On appèle *bail à loyer*, le louage des maisons, des appartements, des chambres, des habitations, de quelque nature qu'elles soient.

On appèle *bail à ferme*, le louage des biens ruraux, tels que terres, bois, prairies, vignes.

On appèle *bail à cheptel*, une espèce de société qui se fait entre un propriétaire de bestiaux et celui qui se charge de les garder et de les nourrir.

On appèle *bailleur*, celui qui donne à loyer ou à ferme.

On appèle *preneur* ou *locataire*, celui qui prend à loyer une maison, un appartement, un local quelconque.

On appèle *preneur* ou *fermier*, celui qui prend à ferme un bien rural.

Le *bail à loyer* et le *bail à ferme* se divisent en trois sortes de *baux* différents :

1° Le *bail ordinaire*, qui se fait pour un temps convenu ou fixé par l'usage des lieux, et qui ne passe point neuf ans ;

2° Le *bail à vie*, qui se fait pour la vie du preneur ;

3° Le *bail emphytéotique*, qui se fait pour longues années, et qui n'excède point cependant quatre-vingt-dix-neuf ans.

Outre le louage des maisons et des biens ruraux, on distingue encore le louage des meubles et du travail ; mais ces deux articles n'entrent point dans notre plan.

Pour donner au traité des *locations des maisons et biens ruraux*, qui sont l'objet de cet ouvrage, toute l'étendue convenable, et ne laisser rien à désirer sur cette matière, nous avons divisé notre ouvrage en cinq parties.

Dans la première, nous traiterons du contrat de louage ;

Dans la deuxième, du bail à loyer ;

Dans la troisième, du bail à ferme ;

Dans la quatrième, du bail à cheptel ;

Dans la cinquième, des baux de longue durée.

---

# PREMIÈRE PARTIE.

## DU CONTRAT DE LOUAGE.

Le louage est un contrat par lequel une partie s'oblige à faire jouir l'autre d'une chose pendant un certain temps, moyennant un certain prix que celui-ci s'oblige de lui payer. ( *Code Nap.*, *art.* 1709. )

C'est un contrat, parce qu'il renferme une convention entre le bailleur et le preneur, et qu'un contrat, suivant l'art. 1101 du Code Napoléon, est une convention par laquelle une ou plusieurs personnes s'obligent envers une ou plusieurs autres à donner, à faire ou à ne pas faire quelque chose.

Ce contrat est synallagmatique, parce que les contractants s'obligent réciproquement les uns envers les autres, savoir : le bailleur, à livrer au preneur la chose louée et en état de service à l'époque déterminée, et à l'en faire jouir sans trouble pendant toute la durée du temps convenu ; le preneur, à jouir de la chose louée suivant l'usage pour lequel elle a été louée, à l'entretenir et à la remettre à la fin de la jouissance en même état qu'il l'a reçue, et à payer au bailleur, aux termes fixés ou d'usage, le prix convenu.

Les conventions qui composent le contrat de louage tiènent lieu de loi à ceux qui les ont faites ou à leurs héritiers; elles ne peuvent être révoquées que de leur consentement mutuel ou pour des causes que la loi autorise; elles doivent être exécutées de bonne foi, sous peine de dommages et intérêts, à moins que l'inexécution ne proviène de force majeure ou de cas fortuit. (*Code Nap.*, *art.* 1134.)

Le contrat de louage, formé par le consentement mutuel des parties contractantes, prend alors le nom de *bail.*

Nous allons examiner dans les trois chapitres suivants :

1° De quelle manière se font les baux;

2° Quelles personnes peuvent faire des baux;

3° Pour combien de temps on peut faire des baux.

# CHAPITRE PREMIER.

## *De quelle manière se font les baux.*

Les baux à loyer, ainsi que les baux à ferme, peuvent se faire de trois manières :

1° Pardevant notaires;

2° Sous seing-privé;

3° Verbalement.

## SECTION PREMIÈRE.

### *Du bail pardevant notaire.*

Le bail pardevant notaire a des avantages que n'ont point le bail sous seing-privé et le bail verbal ; il fait foi par lui-même et contre des tiers de tout ce qu'il contient, sans que la partie qui veut en réclamer l'exécution soit tenue d'en faire reconnaître la signature et l'écriture; il est exécutoire contre la partie qui se refuse à son exécution ; il donne hypothèque.

Pour la rédaction de ce bail, le propriétaire a le droit de choisir lui-même le notaire. ( *Ferrière, Dict. de Droit.* )

Les frais de ce bail sont à la charge du locataire ou du fermier.

## SECTION II.

### *Du Bail sous seing-privé.*

Pour que deux parties puissent contracter bail sous seing-privé, il faut qu'elles sachent écrire toutes deux, puisque cet acte est obligatoire de part et d'autre, et ne peut avoir de valeur qu'autant qu'il est signé de chacune d'elles. (*Code Nap.*, *art.* 1318.)

Les marques que l'une des deux qui ne saurait signer pourrait mettre au bas de cet acte comme *croix* et autres figures, seraient inutiles et ne pourraient servir contre elle qu'autant qu'elle voudrait les reconnaître.

Ce bail doit être fait double et contenir sur chaque original la mention du double qui en a été fait, à peine de nullité. (*Code Nap.*, *art.* 1325.)

Si dans un bail, qui ordinairement se passe entre deux parties, il s'en trouvait d'autres ayant un intérêt distinct, il faudrait, au lieu de deux originaux, qu'il en fût fait autant qu'il y aurait de parties intéressées, et que chaque original contînt la mention du nombre des originaux qui en auraient été faits, à peine de nullité. (*Idem.*)

Néanmoins, le défaut de mention que les originaux ont été faits doubles, triples, etc. ne peut être opposé par celui qui a exécuté de sa part la convention portée dans l'acte. (*Idem.*)

Ce bail doit être écrit sur papier timbré de dimension, à peine de 30 fr. d'amende. (*Loi du* 13 *brumaire an* 7, *art.* 12 *et* 26.)

Dans l'écriture, on doit éviter de couvrir l'empreinte du timbre, sous peine de 15 fr. d'amende. (*Idem*, *art.* 21 *et* 26.)

Il doit contenir :

1° Le nom, les qualités et le domicile de la personne qui loue;

2° Le nom, les qualités et le domicile de celle à qui on loue;

3° La chose louée, sa description, sa situation et l'usage pour lequel elle est louée;

4° Le temps auquel commencera la jouissance, et celui auquel elle finira;

5° Le prix moyennant lequel la chose est louée, et les époques de paiement;

6° Les clauses de dédit ou de résiliation, s'il en est convenu;

7° Enfin, toutes les autres clauses et conventions qu'on veut stipuler.

Il doit être enregistré dans les trois mois de sa date, sous peine, après ce délai expiré, du double droit d'enregistrement. (*Loi du* 22 *frimaire an* 7, *art.* 22 *et* 38.)

Le droit d'enregistrement des baux est un droit proportionnel assis sur la valeur du prix annuel exprimé et des charges imposées au preneur; il est de 75 centimes par 100 francs sur le prix des deux premières années, et de 20 centimes par 100 francs sur le prix cumulé des autres années.

Ce droit se perçoit pour neuf années sur les baux faits pour trois, six et neuf ans; s'il y a une caution du bail, le droit d'enregistrement du cautionnement est de la moitié de celui du bail. (*Lois du 22 frimaire an 7, art.* 15 *et* 69; *du 27 ventose an* 9, *art.* 8.)

Sur ce droit d'enregistrement, il est perçu un décime (2 sous) par franc à titre de subvention de guerre. (*Loi du 6 prairial an 7.*)

Un bail sous seing-privé ne peut être produit en justice ou signifié par le ministère d'huissier, qu'il n'ait été enregistré.

Il ne donne point au propriétaire, comme le bail fait pardevant notaire, le droit de faire saisir et vendre de suite les meubles et effets du locataire ou fermier en retard de paiement; il faut que le propriétaire qui veut agir en vertu de ce bail, contre son locataire ou fermier débiteur, le fasse assigner pour reconnaître sa signature apposée au bas de ce bail, et qu'un jugement lui donne acte de cette reconnaissance ou déclare la signature reconnue.

Il n'a de date contre un tiers que du jour

où il a été enregistré, ou du jour de la mort de celui ou de l'un de ceux qui l'ont souscrit. ( *Code Nap., art.* 1328. )

Un pareil bail, quoiqu'antérieur à celui devant notaire, n'aura point la préférence, à moins qu'il n'ait été enregistré avant celui pardevant notaire, parce que l'enregistrement lui donne une date certaine ; ou que l'exécution n'ait eu lieu avant que le bail notarié fût passé ; ou que le locataire fût mort avant la signature du bail notarié.

## SECTION III.

### *Du Bail verbal.*

Le bail verbal se forme par le consentement réciproque des parties, qui se manifeste, de la part du bailleur, par la livraison ; et de la part du preneur, par la jouissance de la chose louée.

Dans certains pays, le bail s'opère en donnant au propriétaire, pour gage de la convention, une pièce de monnaie qu'on appèle le *denier à Dieu*, ou le *denier d'adieu ;* c'est l'usage à Paris.

Dans ce cas, chacun des contractants a le droit de se dédire dans les vingt-quatre heures en renvoyant ou en reprenant le *denier à Dieu ;* après ce temps, ni l'un ni l'autre n'y est plus recevable.

Mais si, après les vingt-quatre heures, l'un des deux se refuse à l'exécution du bail verbal et le nie, le demandeur ne peut être reçu à en faire preuve par témoins, quelque modique qu'en soit le prix, et quoiqu'il allègue qu'il y a eu des arrhes données; il ne peut que déférer, à celui qui nie ce bail, le serment auquel on s'en rapporte. ( *Code Nap., art.* 1715. )

Si celui qui a fait le bail le reconnaît, il est obligé de l'exécuter, sous peine de dommages et intérêts.

S'il y a contestation sur le prix de ce bail dont l'exécution a commencé, et qu'il n'existe point de quittances, le propriétaire en est cru sur son serment, si mieux n'aime le locataire demander l'estimation par experts, auquel cas les frais de l'expertise restent à sa charge, si l'estimation excède le prix qu'il a déclaré. ( *Cod. Nap., art.* 1716. )

S'il y a des quittances, on suit le prix qu'elles indiquent; elles sont une preuve écrite de la convention des parties.

Le propriétaire est pareillement cru sur la quantité des termes dus; c'est au locataire à se faire donner des quittances.

## SECTION IV.

### *De l'état des choses louées.*

Ordinairement les baux pardevant notaires et sous seing-privé sont accompagnés d'un état qui donne la description de la chose louée et en contient jusqu'aux plus petits détails. Cet état est de la plus grande importance pour l'une et l'autre partie contractante, et ne doit point être négligé, puisqu'il sert au bailleur à lui garantir, à la fin de la jouissance du preneur, la rentrée de la chose louée telle qu'il l'a livrée; et au preneur, à faire la remise de cette même chose au bailleur en l'état que ce dernier la lui a livrée.

On ne saurait recommander au bailleur et au preneur trop de soin et d'exactitude dans la rédaction de cet état qui souvent, à la fin des baux, est la source d'une infinité de contestations. Les plus petits détails qui paraissent minutieux ne doivent pas être omis; ce sont eux qui ordinairement donnent lieu à des procès.

Lorsqu'il s'agit d'une location considérable, comme hôtel, corps-de-logis, grand appartement, château, maison de campagne, habitation rurale, moulin, etc., il est prudent, pour la sûreté du bailleur et du preneur, de faire dresser cet état par des personnes de l'art plus au fait que les parties de désigner la nature et l'état des choses.

Cet état, étant un acte conservatoire de la propriété du bailleur, se fait ordinairement à ses frais.

Quelquefois cependant, lorsqu'il exige un travail considérable, le bailleur assujétit le preneur à supporter la moitié des frais.

Cet acte doit être fait comme le bail sur papier timbré, et en autant d'originaux qu'il y a de parties intéressées, et contenir sur chaque original la mention du nombre d'originaux qui en ont été faits.

## SECTION V.

### *De la promesse de bail.*

Quelquefois les baux sont précédés d'une promesse de bail, et cette promesse vaut bail, lorsqu'il y a consentement réciproque des deux parties sur la chose louée, sur le prix et sur les conventions accessoires. A bien considérer, cette promesse est un acte presque inutile, et il vaudrait beaucoup mieux faire de suite le bail même, puisque, pour être obligatoire envers les parties contractantes, il faut, comme le bail, qu'elle soit faite double ou en autant d'originaux qu'il y a de parties intéressées; comme le bail, qu'elle contiène le nom, les qualités, le domicile du bailleur et du preneur; la désignation, la situation et l'usage de la chose louée; le temps où en commencera et en finira la jouissance; le prix pour lequel elle est louée; les époques de paiement; les conventions, clauses et conditions qui doivent faire la matière du bail; et que le bail même n'est que la répétition de tout ce qui est énoncé dans la promesse de bail, qui est assujétie aux mêmes droits d'enregistrement que le bail.

## CHAPITRE II.

### *Quelles personnes peuvent faire des baux.*

Toute personne propriétaire d'une chose ou qui en a une jouissance transmissible, et à qui la loi n'interdit pas la faculté de contracter, peut donner à bail cette même chose.

Toute personne à qui la loi n'interdit pas la faculté de contracter, peut également prendre à bail cette même chose.

## SECTION PREMIÈRE.

*En quoi consiste la propriété et la jouissance transmissible d'une chose dont on peut faire bail.*

La propriété consiste dans le droit de jouir et de disposer comme bon semble d'une chose qui appartient en vertu de quelque titre que ce soit, et sur laquelle personne n'a aucun droit, en tant que la loi n'y met point d'obstacle.

La jouissance transmissible consiste dans le droit de percevoir les fruits, ou de faire usage d'une chose, sans qu'il se trouve aucun obstacle à cette perception ou à cet usage, et dans le droit qu'on a de transmettre cette même perception ou ce même usage.

Ainsi, une personne qui ne serait pas propriétaire, ou qui n'aurait qu'une jouissance personnelle d'une chose, ne pourrait la louer; comme, par exemple, celui qui n'aurait qu'une portion de propriété dans une maison ou dans un héritage, ne pourrait louer en totalité cette maison ou cet héritage sans le concours des autres propriétaires; comme aussi celui qui aurait la jouissance affectée spécialement à sa personne, d'une maison, d'un appartement, d'un local, d'un passage, d'un puits, d'une servitude, ne pourrait en faire la rétrocession, sans s'exposer à voir annuller son bail, sur la demande de la personne qui aurait intérêt à s'opposer à son exécution.

Cependant le bail d'un local qui serait fait par une personne qui n'avait pas le droit d'en disposer, quoique non valable en ce sens qu'il ne donnerait pas au preneur le droit de jouir de ce local que le bailleur ne pouvait lui louer, n'en serait pas moins valable, 1° envers ce bailleur qui aurait fait le bail comme d'une chose à lui appartenant ou dont il pouvait disposer, pour le faire condamner à remplir son obligation envers le preneur, ou à lui payer des dommages et intérêts, dans le cas où il ne pourrait la remplir; 2° envers le preneur, pour l'obliger au paiement du loyer, tant qu'il ne serait pas empêché de jouir.

## SECTION II.

### *A quelles personnes la loi interdit la faculté de contracter bail.*

La loi interdit la faculté de contracter bail aux personnes qu'elle a déclarées incapables de contracter des obligations; ces personnes sont, d'après l'art. 1124 du Code

Napoléon, les *mineurs*, les *interdits*, les *femmes mariées*.

L'incapacité de chacune de ces personnes a besoin de quelques explications particulières.

Le *mineur* est l'individu de l'un ou l'autre sexe qui n'a pas encore l'âge de vingt-un ans accomplis. ( *Code Nap.*, *art.* 388. ).

Ce mineur, à qui la loi ne permet pas l'administration de ses biens, n'a pas le droit de contracter un bail.

Le tuteur, chargé de l'administration de ses biens, a seul droit de faire les baux des biens qui appartiènent à ce même mineur. ( *Idem*, *art.* 418, 450. )

Ce tuteur ne peut pour lui-même louer les biens de son mineur, à moins qu'un conseil de famille n'ait autorisé le subrogé-tuteur à lui en passer le bail. ( *Id.*, *art.* 450. )

Cependant, la loi permettant au mineur qui est émancipé l'administration de ses biens, il peut alors contracter bail. ( *Idem*, *art.* 481. )

L'*interdit* est le majeur à qui la loi a retiré l'administration de ses biens, pour cause d'imbécillité, de démence ou de fureur, et à qui, en conséquence, elle a donné un tuteur pour gérer ses affaires et avoir l'administration de ses biens. Un tel homme, assimilé au mineur pour sa personne et pour ses biens, ne peut comme lui contracter bail.

Le tuteur de l'interdit a seul le droit de passer bail des biens de cet interdit.

Les baux que l'interdit aurait passés antérieurement au jugement qui prononce son interdiction, pourraient même être annullés, si la cause de l'interdiction existait notoirement à l'époque où ces baux ont été faits. (*Code Nap., art.* 505.)

La *femme mariée*, incapable de contracter bail, est celle qui est sous la puissance d'un mari et qui n'a pas l'administration de ses biens.

Le mari, établi par la loi administrateur des biens de la communauté qui existe entre lui et sa femme, des biens personnels de sa femme qui n'entrent point en communauté, des biens dotaux de sa femme, a seul le droit de faire des baux de ces mêmes biens. (*Code Napoléon, art.* 1421, 1428, 1430, 1531, 1549.)

Cependant la femme mariée a l'administration de ses biens à elle propres, et peut faire des baux, lorsque par son contrat de mariage elle est séparée de biens avec son mari, ou lorsqu'elle est séparée de biens par autorité de justice, ou lorsqu'elle est divorcée. (*Idem, art.* 311, 1449, 1536.)

La femme mariée a encore l'administration de ses biens paraphernaux, c'est-à-dire des biens à elle propres non constitués en dot, ni ne faisant point partie de la communauté, mais déclarés par son contrat de mariage pour lui être réservés, afin d'en disposer à sa volonté, sans que le mari y puisse rien prétendre; elle peut faire des baux de ces mêmes biens. (*Id.*, *art.* 1576.)

La femme sous puissance de mari, et qui n'a pas l'administration de ses biens, peut néanmoins faire des baux de ces mêmes biens à elle appartenant ou faisant partie de la communauté, ou même appartenant à son mari, avec l'autorisation ou le pouvoir de son mari.

Si le mari est absent, interdit ou condamné à une peine infamante, la femme peut encore contracter bail des biens dont son mari avait l'administration, en se faisant autoriser par justice. (*Idem*, *art.* 221, 222.)

La femme sous puissance de mari peut aussi s'obliger dans un bail conjointement et solidairement avec son mari, sous son consentement et son autorisation.

Quand une femme, en vertu de l'autorisation de son mari, contracte bail ou s'oblige dans un bail conjointement avec son mari, il faut que l'acte fasse *mention expresse* de l'autorisation du mari; l'art. 223 de la Coutume de Paris l'avait ainsi prononcé, et on tenait au Châtelet de Paris à cette formalité.

Cependant un arrêt de la Cour d'appel d'Agen, du 28 pluviose an 12, a jugé que si le mari a comparu dans le même acte où sa femme s'obligeait, quoiqu'il ne fût point fait dans cet acte *mention expresse* de l'autorisation du mari, sa comparution et sa signature emportaient autorisation.

Un arrêt de la Cour de cassation, du 22 avril 1808, a aussi jugé que dans une affaire où le mari et la femme s'étaient servis du même avoué, avaient plaidé conjointement ensemble, avaient signifié de concert les actes de la procédure, quoiqu'il ne fût mention dans aucun acte de l'*autorisation expresse* du mari, la femme était suffisamment autorisée par son mari.

Quoique ces deux arrêts soient rendus conformément à l'art. 217 du Code Napoléon, qui semble n'exiger pour l'autorisation de la femme que le *concours du mari dans l'acte*, ou *son consentement par écrit*, nous n'en conseillons pas moins, pour éviter toutes difficultés, dans les baux que les femmes autorisées de leur mari contractent, ou dans lesquels elles s'obligent conjointement avec leur mari, de faire mention expresse de l'autorisation du mari.

Si un mari est mineur, il ne peut autoriser sa femme à contracter bail ou à s'obliger conjointement avec lui dans un bail; l'autorisation doit être donnée à la femme par le juge. (*Code Nap., art.* 224.)

Les personnes capables de s'engager, qui ont contracté bail avec un mineur non émancipé, un interdit, une femme mariée non autorisée de son mari, ne peuvent, pour arrêter l'exécution de ce bail et en poursuivre la nullité, opposer l'incapacité du mineur, de l'interdit ou de la femme mariée avec qui elles ont contracté; cette faculté n'est accordée qu'au mineur, à l'interdit, à la femme ou à ceux qui les représentent, tels que les tuteurs, curateurs et maris. (*Code Nap., art.* 225 *et* 1125.)

## SECTION III.

### *Quelles personnes ne peuvent seules contracter bail.*

Lorsqu'une maison, une habitation, des biens ruraux sont possédés indivisément par plusieurs propriétaires, l'un d'entre eux n'a pas le droit de passer seul bail de ces propriétés, sans appeler les autres copropriétaires; un tel bail serait nul : c'est ce qui a été jugé par arrêt du 29 décembre 1722, rapporté au Journal des Audiences, tome VII, page 720.

Mais, dans un pareil cas, si les propriétaires ne s'accordent pas sur la location, l'un d'entre eux peut recourir à la justice pour obtenir d'être autorisé à faire passer un bail au plus offrant, après les publications ordinaires. ( *Denisart*, mot *bail.* )

Ou sur le refus de la part d'un des copropriétaires de concourir et de donner son consentement à un bail projeté, les autres copropriétaires peuvent encore faire sommer le refusant de comparaître chez un notaire pour souscrire le bail offert à tel prix et condition, si mieux il n'aime faire trouver un locataire qui fasse la condition des copropriétaires meilleure que celle qui a été offerte, avec déclaration qu'en son absence et à défaut d'une location plus avantageuse présentée par lui, le bail projeté sera passé. Cette voie, la moins dispendieuse et la plus prompte, était celle que l'on suivait le plus communément au Châtelet de Paris. ( *Bourjon, Droit commun de la France*, du Louage. )

## CHAPITRE III.

### *Pour combien de temps on peut faire des baux.*

Le temps de la durée des baux à loyer et à ferme n'est point fixé ; ces baux peuvent se faire pour tout le temps que conviènent entre elles les parties; ordinairement ils se font pour trois, six, neuf ans.

Le temps que doit durer le bail est exprimé dans le contrat; si on a omis de l'exprimer, ou si le bail n'est que verbal, on fixe sa durée de la manière suivante :

S'il s'agit d'un fonds rural, le bail est censé fait pour le temps qu'il est nécessaire, afin que le preneur recueille tous les fruits de l'héritage affermé. ( *Code Nap.*, *art.* 1774. )

Ainsi le bail à ferme d'un pré, d'une vigne et de tout autre fonds, dont les fruits se recueillent en entier dans le cours de l'année, est censé fait pour un an. ( *Id.* )

Le bail des terres labourables, lorsqu'elles se divisent par soles ou saisons, est censé fait pour autant d'années qu'il y a de soles. ( *Idem.* )

Par la même raison, le bail d'un étang qui ne se pêche que tous les trois ans sera censé fait pour trois ans.

Le bail des bois taillis partagés en un certain nombre de coupes, par exemple en douze coupes, dont il s'en fait une tous les ans, est censé fait pour autant d'années qu'il y a de coupes.

S'il s'agit d'une maison, corps-de-logis, boutique et autres appartements, le bail est censé fait pour la durée ordinaire des baux de maisons, corps-de-logis, boutiques ou autres appartements, selon l'usage des lieux. (*Code Nap.*, *art.* 1757.)

A Paris, il y a quatre termes par chaque année où commencent et finissent les baux: au premier janvier, au premier avril, au premier juillet, au premier octobre. Lorsqu'il n'y a point de contrat écrit qui exprime le temps de la durée du bail, le bail dure toujours jusqu'à la fin de l'un de ces termes.

A l'égard des appartements meublés et chambres garnies, lorsque le temps de la durée du bail n'est pas exprimé dans un acte, le bail est censé fait à l'année, quand il a été fait à tant par an; au mois, quand il a été fait à tant par mois; au jour, s'il l'a été à tant par jour. (*Code Nap.*, *art.* 1758.)

Quoique la loi laisse aux parties contractantes un liberté illimitée sur le temps de la durée des baux, sur le temps auquel elles peuvent les renouveler avant qu'ils soient expirés, cependant, pour obvier aux abus qui pourraient résulter d'un pouvoir trop étendu accordé à certaines personnes sur la durée de ces baux et sur leur renouvellement, elle a, à l'égard de ces mêmes personnes, mis des bornes à la durée des baux, et fixé le temps auquel ils pouvaient être renouvelés, ainsi qu'on va le voir dans les deux sections suivantes.

## SECTION PREMIÈRE.

### *Quelles personnes ne peuvent faire des baux d'une durée illimitée.*

Les baux qui excèdent neuf ans étant considérés comme une espèce d'aliénation, il en résulte que ceux qui ne peuvent pas aliéner et qui n'ont qu'une simple administration de leurs biens, ou des biens des autres, ne peuvent faire de tels baux.

Le mari administrateur des biens personnels de sa femme, ne peut faire des baux de ces mêmes biens qui excèdent neuf ans ; ils ne sont obligatoires vis-à-vis de la femme ou de ses héritiers que pour le temps qui reste à courir, soit de la première période de neuf ans, si les parties s'y trouvent encore, soit de la seconde, et ainsi de suite; de manière que le locataire ou le fermier n'ait que le droit d'achever la jouissance de la période de neuf ans où il se trouve. (*Code Nap.*, *art.* 1429.)

Les tuteurs des mineurs et des interdits ne peuvent également faire pour les biens de ces mineurs et de ces interdits des baux qui excèdent neuf ans. Dans le cas où ces baux excéderaient neuf ans, ils ne sont obligatoires vis-à-vis des mineurs, à leur majorité, et des interdits dont l'interdiction aura cessé, ou de leurs héritiers, que pour le temps qui reste à courir de la période de neuf ans commencée (*Code Nap. art.* 1718).

La femme séparée de biens, ne peut aussi faire des baux qui excèdent neuf ans, sans l'autorisation de son mari, ou à son refus sans celle de la justice. (*Idem.*)

Le mineur émancipé, ne peut de même faire des baux dont la durée excède neuf ans (*Idem, art.* 481).

## SECTION II.

### *Quelles personnes ne peuvent renouveler des baux à volonté.*

Le mari ne peut renouveler les baux des biens personnels de sa femme; le tuteur, ceux des biens du mineur ou de l'interdit, plus de deux ans avant l'expiration de ces baux, s'il s'agit de biens de ville, et de trois ans avant la même époque, s'il s'agit de biens ruraux. (*Code Nap. art.* 1430.)

Le renouvellement de ces baux par les maris et par les tuteurs, avant le temps de deux ans pour les biens de ville, et de trois ans pour ceux de la campagne, leur a fait donner le nom de *baux par anticipation.*

Comme ces *baux par anticipation* sont toujours présumés avoir été faits en fraude et dans la vue d'un intérêt personnel de la part de celui qui les a faits ; la femme après la mort de son mari, le mineur devenu majeur, l'interdit dont l'interdiction a cessé, ou leurs héritiers peuvent en demander la nullité s'ils ne sont point commencés.

Mais si au moment de la mort du mari, si à l'instant où finit la tutelle ou l'interdiction, le *bail par anticipation* a commencé à courir, alors la femme ayant la jouissance de tous ses droits, le mineur devenu majeur, l'interdit ayant repris l'administration de ses biens, ou leurs héritiers ne peuvent plus révoquer ce bail, ils sont obligés de l'entretenir jusqu'à sa fin (*Denisart*, mot *bail* ; *Code Nap. art.* 1430).

Quoique les *baux par anticipation* ne soient pas obligatoires à l'égard des femmes, des mineurs, des interdits, qui n'avaient pas l'administration de leurs biens, et pour le compte desquels on a fait ces baux, ils n'en obligent pas moins les preneurs à qui ils ont été faits, et ces derniers ne peuvent comme les femmes, les mineurs, les interdits, opposer le défaut d'*anticipation*, et sont obligés de continuer ces baux si les parties intéressées l'exigent.

# SECONDE PARTIE.

## DU BAIL A LOYER.

Le bail à loyer est, comme nous l'avons dit, un contrat formé ou par écrit, ou verbalement, par lequel un propriétaire loue pour un temps convenu ou fixé par l'usage, la jouissance d'une maison, d'un appartement, d'une habitation, moyennant un prix déterminé.

Le principal effet du bail à loyer est de produire deux actions; l'une en faveur du propriétaire ou bailleur contre le locataire ou preneur; l'autre en faveur du locataire ou preneur contre le propriétaire ou bailleur.

Ces deux actions sont personnelles, et par conséquent passent aux héritiers des contractants et contre leurs héritiers.

Le développement de ces deux actions se trouvera dans les chapitres suivants où nous traiterons;

1° Des obligations du propriétaire;
2° Des obligations du locataire;
3° Des sous-locations;
4° Des congés;
5° De la fin des baux.

## CHAPITRE PREMIER.

### *Obligations du propriétaire.*

Le propriétaire est obligé par la nature du contrat, et sans qu'il soit besoin d'aucune stipulation particulière,

1° De délivrer au locataire la chose louée;

2° D'entretenir cette chose en état de servir à l'usage pour lequel elle a été louée;

3° D'en faire jouir paisiblement le locataire pendant la durée du bail (*Code Nap. art.* 1719).

De chacune de ces trois obligations principales, dérivent toutes les autres particulières.

## SECTION PREMIÈRE.

### *Obligation de délivrer au locataire la chose louée.*

La délivrance de la maison, de l'appartement, du local que le propriétaire a loué, doit se faire par la remise des clefs au locataire, dans le temps convenu.

S'il n'y a point de temps convenu pour l'entrée en jouissance, on suit le temps, le jour réglés par l'usage des lieux.

L'obligation de délivrer la chose louée s'étend aussi à tous les accessoires qui font partie de la location, sans quoi la délivrance serait illusoire pour le locataire, puisqu'il ne pourrait en faire l'usage ni en tirer le service sur lequel il a droit de compter.

Ainsi le propriétaire qui a loué un appartement avec glaces, tapisseries, papiers, tableaux, ornements, tables, buffets, etc.; un magasin, une boutique, avec tables, comptoirs, tablettes, etc.; une usine, un atelier, une fabrique, avec cuves, chaudières, machines, outils, ustensiles nécessaires au travail et attachés au corps du bâtiment; un jardin avec statues, vases, pots, caisses, bancs, etc.; doit en faire la délivrance au locataire avec tous les objets compris dans le bail.

Non seulement le propriétaire doit délivrer en entier la chose louée, mais encore il doit la délivrer dans un état convenable à l'usage pour lequel il loue, et en bon état de réparations de toutes espèces.

Si le propriétaire ne fait pas la délivrance de la chose louée, au jour indiqué, ou s'il ne la fait pas en entier, ou enfin s'il ne la fait point telle que l'exige l'article 1720 du Code Napoléon, *en bon etat de réparations*, le locataire peut l'assigner pour le faire condamner à cette délivrance et en outre à des dommages et intérêts pour le retard apporté dans l'exécution de l'obligation contractée envers lui, et même pour faire résilier le bail, si ce retard le met dans le cas d'en exiger la résolution.

Si le bailleur ne peut délivrer la chose louée, parce que depuis le bail fait, la propriété lui en a été enlevée; quoiqu'il eût contracté de bonne foi avec son locataire, croyant être légitime propriétaire, il n'en est pas moins tenu à des dommages et intérêts envers lui: la raison, c'est que le locataire a été trompé croyant que celui qui lui louait en avait le droit, et en outre qu'un bailleur ne doit jamais s'engager à louer ce qu'il n'est pas sûr de pouvoir livrer.

Mais si c'était par cas fortuit que la chose louée eût péri, ou par l'autorité publique qu'il fût mis dans l'impossibilité d'en faire la délivrance, alors il ne pourrait être condamné a des dommages et intérêts envers le locataire.

Si le propriétaire ayant fait un bail sous seing-privé, en fait un second pardevant notaire, ce dernier bail sera préféré au premier; à moins que le bail sous seing-privé n'ait reçu une date certaine par l'enregistrement ou le décès de quelqu'une des personnes qui l'ont souscrit avant la signature du bail pardevant notaire; ou que le locataire, en vertu du premier bail, ne soit entré en jouissance avant la signature du second bail. Dans ce cas, le locataire qui sera privé de la délivrance de la chose louée, aura droit à des dommages et intérêts envers le propriétaire.

Une question qui a été long-temps controversée parmi les jurisconsultes, est celle de savoir si un propriétaire qui a le pouvoir de délivrer au locataire la chose qu'il lui a louée, se refusant à lui en faire la délivrance, le locataire peut obtenir de s'en faire mettre en jouissance par la force, *manu militari.* Pothier, dans son contrat de louage, se décide pour l'affirmative, et la décision de ce célèbre jurisconsulte paraît être celle que doit suivre notre jurisprudence, d'après le rapport du Tribun Mouricault sur la loi du 7 mars 1804, où il dit: « que si le bailleur, pouvant délivrer la chose, s'y refuse, le preneur peut » se faire autoriser par justice à s'en mettre en possession ».

## SECTION II.

### *Obligation d'entretenir la chose louée en état de servir à l'usage pour lequel elle a été louée.*

Cette obligation du propriétaire en réunit trois autres d'après les articles 1720, 1721, 1723 du Code Napoléon :

1° Les réparations autres que les locatives devenues nécessaires ;

2° Le maintien des lieux, pendant tout le temps du bail, dans l'état où ils ont été acceptés, sans y faire aucuns changements qui pourraient porter préjudice au locataire ;

3° La garantie des vices ou défauts de la chose louée.

1° Les *réparations*. Tout propriétaire étant obligé de tenir son locataire clos et couvert, de faire, pendant la durée du bail, toutes les réparations qui peuvent devenir nécessaires, autres que les locatives : les réparations que l'équité, l'usage et la loi imposent aux propriétaires, sont celles à faire,

Aux voûtes, aux murs de refend, aux poutres, aux poutrelles, aux lambourdes, aux planchers, aux pans de bois de refends portant planchers, aux escaliers, aux toits et couvertures, aux murs de clôture ;

Aux manteaux et souches de cheminées, aux murs, voûtes et planchers de fourneaux potagers, aux murs, voûtes de dessous et tuyaux de four appartenants à la maison ;

Aux aires de plâtre des appartements et des escaliers qui ne sont point carrelés ;

Aux marches de pierre cassées par le tassement ou le fléchissement des murs qui les portent ;

Aux plates-bandes de pierre au pourtour des murs, cassées par les charges de plâtre qu'on a mises dessus en enduisant les murs contre lesquelles elles sont posées, ou par les lambris posés dessus à force;

Aux pavés des grandes cours ou écuries;

Aux portes, fenêtres, fermetures, volets, châssis, panneaux de menuiserie, lambris, parquets, vitres, pavés, carreaux, tuyaux ou de fer, ou de plomb, ou de grais, et généralement à tous les objets de maçonnerie, menuiserie, serrurerie qui ont été brisés, détériorés, endommagés par vétusté ou par cas fortuit, ou par force majeure;

La vidange et la réfection des fosses d'aisance;

Le curement des puits;

(*Pothier, Bourjon Desgodets, Goupil, Denisart, Ferrière.*) (*Code Napoléon, art.* 1754, 1755, 1756.)

Outre ces réparations que la loi désigne comme *nécessaires*, le propriétaire est encore tenu à l'exécution des ouvrages et embellissements qu'il s'est engagé de faire à la maison louée, et qui sont pour l'usage du locataire, aussi des réparations *nécessaires*, sans lesquelles il n'aurait point loué.

Si le propriétaire refuse de faire les réparations *nécessaires*, ou les ouvrages et embellissements qu'il a promis par le bail, le locataire ne peut les faire de son chef, mais il doit assigner le propriétaire pour être condamné à faire ces réparations et ouvrages promis ; et à faute par le propriétaire de satisfaire au jugement, être autorisé à les faire faire lui-même et à en retenir le coût sur les loyers, ou à se faire rembourser de suite par le propriétaire.

Si, par le retard apporté par le propriétaire à fare les réparations ou autres ouvrages auxquels il s'était engagé, le locataire, après l'avoir mis en demeure par une sommation, éprouve quelques pertes, ou s'il lui arrive quelque accident, le locataire pourra obtenir des dommages et intérêts.

2° *Le maintien des lieux tels qu'ils ont été loués.* L'article 1723 du Code Napoléon interdit au propriétaire, pendant la durée du bail, le droit de changer la forme de la chose louée. De cet article on en doit conclure qu'un propriétaire, pendant cette même durée du bail, est obligé envers son locataire au maintien des lieux dans l'état qu'ils ont été acceptés, sans pouvoir y faire aucuns changements qui pourraient porter préjudice au locataire.

Ainsi un propriétaire obligé de faire des réparations à l'habitation de son locataire, doit la rétablir telle qu'elle était, sans aucuns changements qui ne soient nécessaires, à moins que ce ne soit du consentement du locataire.

Si, contre le gré de son locataire, un propriétaire se permettait de vouloir changer la forme des lieux, comme les agrandir, les diminuer; faire d'une salle une boutique, d'une boutique une salle, d'une cuisine une écurie, d'une écurie une cuisine ou un bûcher, d'une cour un hangar ou une remise; d'abattre ou construire des cheminées, des refends; fermer ou ouvrir des croisées, des portes; percer dans les murs d'une maison voisine qui lui appartient des vues sur son locataire; établir un égout qui porte sur lui des eaux qu'il ne recevait pas; élever des constructions qui priveraient son locataire des jours et des issues qu'il avait, et qui lui étaient nécessaires pour l'exercice de sa profession; le locataire serait bien fondé à s'opposer à tous ces changements, en faisant assigner le propriétaire pour le faire condamner à cesser ces changements et à rétablir les choses dans l'état où elles étaient lorsqu'il a contracté bail.

3° *La garantie des vices ou défauts de la chose louée.* Le propriétaire, d'après l'article 1721 du Code Napoléon, est garant envers le locataire de tous les vices et défauts de la chose louée qui en empêchent l'usage, quand même ce propriétaire ne les aurait pas connus lors du bail. S'il résulte de ces vices ou défauts quelque perte pour le locataire, le propriétaire est tenu de l'indemniser.

De cette action en garantie que la loi accorde au locataire contre le propriétaire, il s'ensuit que le locataire peut demander la résolution du bail, et en outre les dommages et intérêts auxquels il a droit de prétendre, si le propriétaire, après sommation de remédier aux vices ou aux défauts qui empêchent l'usage de la location, ne peut ou ne veut le faire.

Par les vices ou défauts qui donnent lieu à la garantie au locataire contre le propriétaire, on doit, d'après la loi romaine, *si œdes* 19, § *quis dolia ff locat. conduct.*, entendre les vices ou défauts *non apparents* dont n'a pas été prévenu le locataire avant de contracter bail, ou qui sont survenus depuis le bail; comme un puits qui manque d'eau dans certain temps de l'année, ou dont l'eau est corrompue; une écurie infectée de la morve, où les chevaux périssent; une cave qui est submergée pendant les grosses eaux ou toutes les fois qu'il pleut, etc., et non les vices ou défauts *apparents* qui existaient avant le bail, et que le locataire pouvait par lui-même découvrir, ou dont il avait été prévenu, comme le manque de puits, de cave, d'écurie, le faux jour, l'obscurité, l'humidité d'un lieu, une servitude, etc.

De ces défauts *apparents*, on doit excepter les lieux d'aisance, particulièrement dans la ville de Paris, parce que, outre que ces lieux d'aisance sont ordinairement placés dans des endroits retirés, peu à portée de la vue de celui qui visite une maison pour la louer, un locataire est toujours présumé avoir cru qu'il en existait dans la maison, d'après, l'article 193 de la coutume de Paris, et une ordonnance de police du 4 juin 1734, qui enjoignent à tous ceux qui bâtissent des maisons dans la ville et faubourgs de Paris, d'y faire construire des lieux d'aisance. C'est pourquoi l'usage du châtelet de Paris était de prononcer sur la demande des locataires, la résiliation des baux des maisons où il n'y avait point de lieux d'aisance.

La vétusté de la chose louée ou de l'une de ses parties, ne doit point être considérée comme un défaut *non apparent* qui puisse faire condamner un propriétaire à des dommages et intérêts envers un locataire, pour un accident, une perte résultant de ce défaut, à moins qu'il n'y eût de la part du propriétaire averti par le locataire du mauvais état de la chose, et sommé de la réparer, négligence à prévenir cet accident ou cette perte.

Le propriétaire obligé de garantir la chose louée des vices qui en empêchent entièrement l'usage, n'est pas obligé de garantir ceux qui en rendent seulement l'usage incommode (*Pothier, contrat de louage, part.* II, *ch.* I.).

Ainsi, l'incommodité du soleil, du vent, dans certains temps; une odeur désagréable, un bruit provenant d'un établissement voisin; la fumée d'une cheminée, ne donneraient point au locataire lieu à la garantie de ces incommodités envers le propriétaire.

Cependant, relativement à la fumée, nous observerons, que si cette incommodité s'étendait sur toutes les cheminées en général de la location, de manière qu'aucun endroit de la maison ne fût habitable à cause de la fumée, alors le propriétaire garant de cette incommodité, serait tenu sur la demande du locataire, de la faire cesser ou de résilier le bail: c'est ce qui a été préjugé par un arrêt du parlement de Paris du 18 septembre 1766, qui ordonna sur la poursuite d'un locataire en résiliation de bail pour incommodité de la fumée de toutes les cheminées de la maison qu'il avait louée, qu'il serait fait une visite de toutes ces cheminées par des maçons fumistes, pour constater si toutes en général fumaient; mais comme il ne s'en trouva que sept sur onze, qui fumaient, le bail fut maintenu (*Denisart*, mot *locataire*).

## SECTION III.

### *Obligation de faire jouir paisiblement le locataire pendant la durée du bail.*

De cette obligation imposée, par l'article 1719 du Code Napoléon, au propriétaire, de faire jouir paisiblement le locataire pendant la durée du bail, dérivent trois garanties en faveur du locataire contre le propriétaire;

1° Garantie de trouble dans la jouissance;

2° Garantie de l'éviction;

3° Garantie de la jouissance jusqu'à la fin du bail.

1° *Garantie de trouble dans la jouissance:* la jouissance d'un locataire est troublée par la privation, la diminution, la dégradation de la chose ou d'une partie de la chose louée, ou par des servitudes, des incommodités qui n'existaient pas lorsque le bail a été contracté. Le propriétaire est garant envers son locataire de ces troubles, soit qu'ils proviènent de son fait, soit qu'ils proviènent du fait d'un tiers par suite d'une action concernant la propriété du fonds et il doit les faire cesser ou indemniser le locataire par une diminution proportionnée sur le prix du bail, comme le porte l'article 1726 du Code Napoléon.

Si le trouble apporté à la jouissance du locataire, lui causait un préjudice considérable, dans ce cas il pourrait réclamer la résiliation du bail et même des dommages et intérêts, suivant les circonstances.

Pour que le propriétaire soit garant envers son locataire, des troubles ou empêchements apportés à sa jouissance par des tiers prétendant avoir droit à la chose louée, il faut que le trouble et empêchement aient été dénoncés dès le principe, par le locataire au propriétaire, afin que ce dernier en prît fait et cause et s'y opposât; car si un locataire troublé dans sa jouissance par voies de fait, ou cité en justice pour se voir condamner au délaissement de la totalité ou de partie de la chose louée, ou à souffrir l'exercice de quelque servitude, par des tiers prétendant avoir droit à cette chose louée, eût laissé commettre le trouble, juger le délaissement, établir la servitude, sans en prévenir le propriétaire, l'appeler en garantie, comme l'exigent les articles 1726 et 1727 du Code Napoléon, non seulement il n'aurait pas droit à l'indemnité, mais encore il pourrait, suivant les circonstances, devenir lui-même garant envers son propriétaire de sa négligence et de son silence ( *L. videamus* II. § *item* ff. *locat. conduct.* ).

Le propriétaire n'est pas garant du trouble que des tiers qui ne prétendent aucun droit à la chose louée apportent par voies de fait à la jouissance du locataire ; comme si des voleurs, la nuit, brisent ses portes, ses cloisons, ses vitres, percent ses murs, volent ses marchandises, ses effets, ses fruits, lui causent du dommage, etc. ; c'est au locataire lui-même à les poursuivre en son nom personnel ( Pothier. ) ( *Code Nap. art.* 1725 ).

Un propriétaire est garant du trouble qu'un voisin apporte à la jouissance de son locataire en construisant un bâtiment qui prive de jour le local de ce locataire, ou en gêne l'entrée et la sortie, de manière à le mettre dans l'impossibilité de l'employer à la destination pour laquelle il l'a loué ; et si le propriétaire ne peut faire cesser le trouble, le locataire est bien fondé à demander la résiliation du bail ( *Lacombe*, mot *bail* ; *Domat*, du louage, *titre* 1, *sect.* 3 ).

2° *Garantie de l'éviction* : l'éviction est une action par laquelle le locataire, en vertu d'un jugement, est forcé d'abandonner les lieux qu'il avait loués, par un tiers à qui la propriété en est conférée: le bailleur qui a loué, est garant de l'éviction que souffre son locataire, quand même il lui eût loué de bonne foi, croyant en être le véritable propriétaire. Cette garantie donne droit au locataire à des dommages et intérêts, qui s'apprécient selon les circonstances.

L'action en garantie d'éviction n'est ouverte contre le bailleur que du jour de la signification au locataire du jugement qui le condamne à vuider les lieux.

Pour que le locataire évincé puisse user de la garantie envers le bailleur, il faut que lors de la demande originaire en éviction, comme lors du trouble, il en ait prévenu le bailleur et l'ait appelé en garantie pour défendre sur cette demande.

L'action en garantie d'éviction n'a point lieu, lorsque le locataire est évincé par cas fortuit, force majeure, ou par autorité publique.

3° *Garantie de la jouissance jusqu'a la fin du bail;* le propriétaire, par suite de l'obligation qu'il a contractée avec le locataire, lui doit, sous peines de dommages et intérêts, garantir la jouissance de la chose louée jusqu'à la fin du bail, à moins qu'une convention particulière portant restriction à cette garantie, ou la perte totale de la chose arrivée par force majeure, cas fortuit, autorité publique, ou la résiliation du bail, obtenue contre le locataire, faute de remplir ses engagements ne l'en dispensent. ( *Code Nap., art.* 1741.)

Cette garantie du propriétaire envers son locataire, s'étend aux héritiers, successeurs, créanciers de ce propriétaire.

Ainsi, d'après l'article 1742 du Code Napoléon, qui porte que le bail n'est point résolu par la mort du propriétaire, il s'en suit qu'à son décès, ses héritiers, légataires et donataires, doivent garantir la jouissance du bail qu'il a contracté, jusqu'à la fin, comme l'eût fait le propriétaire lui-même.

La femme même est soumise à cette garantie pour les baux de ses biens propres faits par son mari, pouvu toutefois que, conformément aux articles 1429, 1430 du Code Napoléon, ces baux n'excèdent point neuf ans, ou n'aient point été renouvelés plus de deux ans avant l'expiration du bail courant; car, dans le premier cas, cette garantie n'a lieu que pour le temps qui reste à courir, soit de la première période de neuf ans, si les parties s'y trouvent encore, soit de la seconde et ainsi de suite; et dans le second cas, elle n'a lieu que pour le restant seulement du bail qui précède le renouvellement, à moins que l'exécution du bail renouvelé ne fût commencée avant le décès du mari, parce qu'alors, elle serait assujétie à la garantie de la jouissance du locataire jusqu'à la fin de ce second bail.

De même, d'après l'article 1745 du Code Napoléon, qui porte que, si le bailleur vend la chose louée, l'acquéreur ne peut expulser le locataire qui a un bail authentique ou dont la date est certaine, à moins qu'il ne se soit réservé ce droit par le bail, il s'ensuit que l'acquéreur doit garantir au locataire sa jouissance jusqu'à la fin du bail, comme l'eût fait le vendeur lui-même.

Par la même raison, il s'ensuit également que des créanciers qui ont fait saisir et vendre une maison louée, sont tenus envers le locataire de cette maison, à la garantie de la jouissance jusqu'à la fin du bail, si le bail est authentique ou a une date certaine.

S'il a été convenu entre le bailleur et le locataire, qu'en cas que le bailleur vendît la maison, le locataire pourrait être expulsé par l'acquéreur, il est certain que, si l'acquéreur veut user du droit d'éviction envers le locataire, le bailleur et l'acquéreur sont déchargés de la garantie de la jouissance que le locataire aurait eu droit de réclamer jusqu'à la fin du bail, sans cette convention, et que l'acquéreur peut expulser le locataire après lui avoir signifié son contrat de vente et un congé au temps d'avance usité dans le lieu, et après que le bailleur ou l'acquéreur, s'il en est chargé par le bail ou le contrat de vente, l'aura indemnisé de la manière dont il aura été stipulé entre eux. (*Code Nap., art.* 1743, 1744, 1748.)

S'il n'a été fait aucune stipulation entre le bailleur et le locataire sur les dommages et intérêts dus à ce dernier en cas d'éviction de la part d'un acquéreur, et s'il n'existe point au bail, de clause qui dispense dans ce cas le bailleur de dommages et intérêts, le bailleur est tenu, par l'article 1745 du Code Napoléon, de payer au locataire, à titre de dommages et intérêts, une somme égale au prix du loyer, pendant le temps qui, suivant l'usage des lieux, est accordé entre le congé et la sortie.

L'indemnité se règle par experts, s'il s'agit de manufactures, usines ou autres établissements qui exigent de grandes avances. (*Code Nap., art.* 1747.)

Si le bailleur ne paie pas au locataire que l'acquéreur évince, les dommages et intérêts ci-dessus expliqués, l'article 1749 du Code Napoléon, veut que l'acquéreur ne puisse expulser ce locataire qu'il ne lui ait, au défaut du bailleur, payé ces mêmes dommages et intérêts, si toutefois cependant il y a un bail authentique, ou d'une date certaine ; car sans cela, l'article 1750 du Code Napoléon le dispense de ces dommages et intérêts envers le locataire, sauf le recours de ce dernier contre le bailleur.

L'acquéreur à pacte de rachat ne peut user de la faculté d'expulser le locataire, jusqu'à ce que par l'expiration du délai fixé pour le réméré, il deviène propriétaire incommutable. (*Code Nap.*, *art.* 1751.)

Si l'acquéreur qui avait droit par le bail d'expulser le locataire en entrant en possession de la chose louée qu'il a achetée, laisse le locataire en continuation de jouissance pendant un terme et reçoit le paiement du loyer sans aucune réserve, alors il est censé avoir tacitement consenti à la continuation du bail, et devient envers le locataire, garant de la jouissance de la chose louée, jusqu'à la fin du bail, comme l'était le bailleur qui a vendu. ( *Pothier, Denisart.* )

Le locataire évincé par la vente de la chose louée, est fondé à opposer la nullité de la vente. ( *Pothier*, *Denisart, Ferrière, Bourjon.* )

Le propriétaire peut encore, d'après l'article 1761 du Code Napoléon, être dispensé de la garantie de la jouissance du locataire jusqu'à la fin du bail, lorsque par une clause particulière stipulée dans le bail par écrit, il s'est réservé la faculté de résilier ce bail, pour venir habiter lui-même le local loué. Le locataire n'est point fondé à s'en plaindre, lorsqu'il a donné son consentement à cette clause, qui a pu être pour le propriétaire une condition sans laquelle il n'eût pas consenti au bail.

Le propriétaire qui veut faire usage de cette faculté qu'il s'est réservée, de venir occuper la maison, doit, aux termes de l'article 1762 du Code Napoléon, signifier au locataire un congé au temps d'avance usité dans le lieu, et lui payer les indemnités s'il est convenu de lui en accorder.

Une circonstance particulière où le propriétaire peut encore être dégagé de cette garantie de jouissance du locataire jusqu'à la fin du bail, c'est quand la maison qu'il a louée, menace ruine, et que la reconstruction ne peut être différée jusqu'après l'expiration du bail ; alors, sur le refus du locataire de consentir à la résiliation, il doit faire constater par experts nommés en justice, l'état de cette maison, le danger de son habitation, la nécessité de sa reconstruction, et faire ensuite prononcer la résiliation du bail. D'après ces formalités, et un congé signifié suivant l'usage des lieux, et dont la durée pourrait même, selon les circonstances, être abrégée, le locataire peut être contraint de sortir, en lui accordant, conformément à l'article 1721 du Code Napoléon, une indemnité, à moins qu'il eût été convenu que dans le cas où on serait obligé de rétablir la maison avant la fin du bail, il n'en serait accordé aucune.

Si cependant il restait un local suffisant pour loger le locataire pendant la reconstruction de la maison, ce locataire pourrait s'opposer à la résiliation du bail, en se bornant à ce local; alors il ne lui serait accordé aucune indemnité, mais seulement, d'après les dispositions de l'article 1724 du Code Napoléon, si la reconstruction durait plus de quarante jours, il lui serait tenu compte d'une diminution du prix du bail, proportionnée au temps et à la partie de la chose louée, dont il aurait été privé.

## CHAPITRE II.

### *Obligations du Locataire.*

Les obligations auxquelles est tenu le locataire, sont au nombre de dix:

1° Garnir les lieux loués de meubles suffisants, ou donner des sûretés capables de répondre du loyer. ( *Code Nap., art.* 1752.)

2° User de la chose louée en bon père de famille et suivant la destination qui lui a été donnée par le bail, ou suivant celle présumée d'après les circonstances, à défaut de convention ; ( *Idem* , *art.* 1728.)

3° Payer le prix du bail aux termes convenus ; ( *Idem* , *art.* 1728.)

4° Acquitter les charges imposées par le bail ; ( *Idem* , *art.* 1134, 1135.)

5° Payer l'impôt des portes et fenêtres ; ( *Loi du* 24 *novembre* 1798.)

6° Souffrir les réparations urgentes ; ( *Code Nap.* , *art.* 1724.)

7° Prévenir le propriétaire des troubles qui pourraient être apportés à sa jouissance ; ( *Idem* , *art.* 1726, 1727.)

8° Entretenir le bail jusqu'à sa fin ; ( *Idem*, *art.* 1736, 1737.)

9° Remettre à la fin du bail, les lieux en même état qu'ils ont été livrés ; ( *Idem*, *art.* 1730.)

10° Faire les réparations locatives ; ( *Idem*, *art.* 1754.)

Le développement de chacune de ces obligations se trouvera dans les sections suivantes.

## SECTION PREMIÈRE.

### *Obligation de garnir les lieux de meubles suffisants, ou de donner des sûretés capables de répondre du loyer.*

Cette obligation imposée au locataire, est pour le propriétaire une garantie du prix du loyer; elle doit être remplie au jour convenu par le bail ou fixé par l'usage des lieux, pour se mettre en possession du local loué. Si le locataire néglige de faire ce garnissement, ou si les meubles qu'il apporte sont insuffisants pour répondre du loyer, le propriétaire peut le faire assigner pour être condamné faute de garnir, ou de garnir à suffire, à la résiliation du bail et à des dommages et intérêts.

Cependant, si, au moment de son entrée en jouissance, un locataire trouvait sa maison inhabitable par des réparations à y faire, quand même elles ne seraient provenues que par cas fortuit ou force majeure, il ne pourrait être contraint à y porter ses meubles et à garnir les lieux; il pourrait même demander la résiliation du bail, n'étant pas obligé de rester sans maison en attendant que les réparations fussent faites, et s'il y avait négligence de la part du propriétaire, il pourrait exiger de lui des dommages et intérêts.

Pour que les meubles soient réputés suffisants, il n'est pas nécessaire qu'ils égalent en valeur le montant des loyers, mais il faut qu'ils puissent au moins payer deux termes et les frais de vente en cas de non paiement.

S'il y a contestation entre le propriétaire et le locataire sur la valeur des meubles ou effets qui garnissent le local, le propriétaire, qui les croit insuffisants pour répondre du loyer, peut se pourvoir en justice pour en faire ordonner l'estimation.

Un acte de notoriété du châtelet de Paris, du 7 février 1688, rapporté par Denisart dans son *Recueil d'Actes de Notoriété*, page 54, porte qu'un propriétaire peut expulser un locataire qui, après que des créanciers ont fait vendre ses meubles, ne garnit pas les lieux de nouveaux meubles suffisants pour sûreté des loyers à écheoir.

Le locataire qui n'a point de meubles suffisants pour garnir, peut, en payant chaque terme d'avance, ou en fournissant une caution solvable, empêcher la résiliation du bail, que permet l'article 1752 du Code Napoléon, faute de garnir ou de donner au propriétaire des sûretés convenables.

Un locataire tombé en faillite, qui a un bail authentique de plusieurs années, dont les meubles ne présentent pas une sûreté suffisante au propriétaire pour le paiement des loyers à écheoir, peut être contraint par le propriétaire, à résilier le bail, ou à fournir une caution hypothécaire. (*Arrêt de la Cour de cassation du* 16 *décembre* 1807.)

Une fois qu'un locataire a garni la maison de meubles, tous, à quelque prix qu'ils s'élèvent, deviennent la garantie du propriétaire pour les loyers échus et à écheoir, et le locataire n'est pas admis à en laisser suffisamment pour répondre de ces loyers et à enlever le surplus; et s'il se permet d'en enlever, le propriétaire peut les lui faire rétablir. (*Arrêt de la Cour d'appel de Paris, du* 2 *octobre* 1806.)

## SECTION II.

### *Obligation d'user de la chose louée en bon père de famille, et suivant la destination qui lui a été donnée par le bail, ou suivant celle présumée d'après les circonstances, à défaut de convention.*

De cette obligation il résulte que si un locataire emploie la chose louée à un autre usage que celui auquel elle a été destinée, ou dont il puisse résulter un dommage pour le propriétaire, celui-ci peut, suivant les circonstances, faire résilier le bail. (*Code Napoléon, art.* 1729.)

Ainsi un locataire à qui une maison a été louée pour en faire seulement sa demeure comme simple particulier, ne peut convertir cette maison en un atelier ou une usine, ou une manufacture, y établir une forge, un four, des fourneaux, des chaudières, en faire une auberge, un cabaret, parce que le propriétaire, en louant sa maison pour l'usage d'une personne qui lui a déclaré n'exercer aucune profession, n'a pas entendu la louer pour l'exercice d'un état qui détériore et rend désagréable sa propriété. Dans le cas où le locataire ferait de la maison un semblable usage, le propriétaire serait bien fondé à s'y opposer et à demander la résiliation du bail avec dommages et intérêts.

Mais si la profession du locataire était connue du propriétaire au temps du bail, quoique l'usage auquel le locataire voulût faire servir sa location ne fût pas exprimé dans le bail, il n'en serait pas moins présumable que la maison lui aurait été louée pour l'usage de sa profession. Ainsi, si un propriétaire avait loué à un serrurier, un maréchal, un taillandier, un chaudronnier, un chapelier, un teinturier, un aubergiste, un cabaretier, etc., connu pour tel, quoique sa maison eût toujours été occupée comme maison bourgeoise, il serait censé l'avoir louée pour la faire servir à la profession de ce locataire, qui serait en droit de s'y établir.

Dans le cas précédent, ce que le propriétaire peut exiger, c'est que le locataire, pour la construction d'un four, d'un fourneau, se conforme aux réglements prescrits ou aux usages suivis pour ces sortes d'objets ; et si c'est un ouvrier d'une profession à gros marteau, qu'il fasse construire un pilier de pierre sous l'aplomb de l'endroit où il veut poser son enclume. (*Denisart*, *Desgodets*, *Ferrière*.)

Un locataire qui a loué une auberge, un cabaret, un café, une boutique bien achalandés, est tenu d'entretenir, pendant le temps de son bail, le local dans l'usage pour lequel il lui a été loué ; s'il en change l'usage, ou s'il le ferme, le propriétaire peut lui demander la résiliation du bail, par la raison que le changement de destination lui ferait éprouver une diminution de valeur du loyer de sa maison. C'est le sentiment de Pothier (*Traité du Contrat de louage*, *part.* 3, *chap.* 1, *art.* 4.) : c'était, comme nous l'apprend Bourjon (*Droit commun de la France*, *Traité des Baux à loyer*, *chap.* 6.), l'usage du châtelet de Paris ; et c'est ce qui résulte de l'article 1729 du Code Napoléon, qui porte que « si le preneur emploie la chose louée à un autre usage que celui auquel elle a été destinée, ou dont il puisse résulter un dommage pour le bailleur, celui-ci peut, suivant les circonstances, faire résilier le bail. »

Sur ce fondement, un propriétaire peut pareillement demander la résiliation du bail d'un locataire qui d'une chambre ornée ferait un atelier, une cuisine; d'un rez-de-chaussée qui aurait toujours servi soit de magasin, soit de boutique, soit de chambre, ferait une étable, une écurie, etc., si ce changement de destination de local se faisait sans le consentement du propriétaire.

De même un locataire ne peut avoir chevaux, mulets, ânes, vaches, chèvres, porcs, brebis, lapins, pigeons, poules, oies, canards et autres animaux domestiques, si le local ne lui a pas été loué en conséquence, parce que, outre que ces animaux infectent les bâtiments, ils y causent des dégradations. On trouve dans plusieurs coutumes, des articles qui défendent formellement d'élever et nourrir ces animaux dans les bâtiments des villes. Une ordonnance de police de la ville de Paris, du 22 mai 1733, rapportée dans le Dictionnaire de Police de Freminville, au mot *Animaux*, le défend sous peine de 300 fr. d'amende.

Un locataire peut bien faire dans le local loué tel changement de distribution qui lui convient, qui n'exige point de démolitions importantes, comme plâtres, menuiseries, portes, à la charge de rétablir les choses dans leur premier état; mais il ne peut faire, sans le consentement du propriétaire, des changements et augmentations pour lesquels il faudrait percer des murs, des planchers, abattre des refends, démolir des cheminées, changer des escaliers, couper des poutres ou soliveaux, faire des constructions nouvelles sur celles existantes.

Il ne peut, dans un jardin, changer les distributions, détruire les allées sablées, abattre les berceaux, arracher les arbres et arbustes, les remplacer par d'autres, sans le consentement du propriétaire.

Il ne peut pareillement déplacer, sans le consentement du propriétaire, les objets placés soit pour le service, soit pour l'agrément, soit pour la commodité de la maison, lesquels ne pouvant être détachés sans être fracturés et détériorés, ou sans briser ou détériorer la partie du fonds sur lequel ils sont attachés, sont, par les articles 524 et 525 du Code Napoléon, réputés *immeubles* par destination, et attachés au fonds à perpétuelle demeure, tels que gouttières, cuvettes, conduits en plomb ou fer, retenus par liens de fer; chaudières, cuves, fourneaux, alambics, tonnes, poëles scellés en plâtre ou à chaux, ou à ciment; tables, glaces, buffets, tableaux faisant corps avec la boiserie; statues, vases placés dans des niches pratiquées exprès pour les recevoir.

Il doit bien user, c'est-à-dire se servir avec le même soin que le ferait le propriétaire lui-même, des meubles et effets qui lui sont laissés soit pour l'utilité, soit pour l'agrément de sa jouissance.

Il peut même, après le bail passé, refuser de se charger des objets qui ne sont point attachés au fonds à perpétuelle demeure et peuvent se déplacer sans fracture ou détérioration, et qui sont par leur nature *meubles*, tels que (pour les appartements) glaces, tableaux, lanternes, tables, buffets, poëles, rideaux, portes d'étoffes, statues, vases etc. (pour les jardins), statues, vases, pots, caisses, bancs, pelles à cul, marchepieds, etc.; mais il faut pour cela qu'avant d'entrer dans le local, il fasse signifier au propriétaire son refus. (*Desgodets, Denisart, Ferrière.*)

Il ne peut surcharger les voûtes et planchers, de marchandises trop pesantes: en pareil cas, l'usage du châtelet de Paris était de prononcer la résiliation du bail. (*Bourjon.*)

Quelques auteurs modernes ont prétendu qu'un locataire ne pouvait placer un poële dans une cheminée qu'en faisant monter les tuyaux de ce poële dans toute la hauteur de la cheminée jusqu'au-dessus de la mitre, par la raison, disent-ils, que ces tuyaux vomissent une colonne étroite de fumée qui pénètre les plâtres avec une telle force, qu'en moins de dix ans ce tuyau de cheminée se trouve desséché et réduit en poussière seulement à l'endroit ou passe cette colonne de fumée, ce qui, au bout de ce temps, oblige le propriétaire de refaire cette partie de tuyau et même souvent davantage, et que, sous ce rapport, le propriétaire avait le droit de contraindre le locataire à faire ainsi monter son tuyau ou à n'en pas mettre du tout.

Nous sommes loin de partager cet avis, contre lequel s'élève l'usage, et qui n'est fondé sur aucun réglement, 1° parce que ce serait mettre un grand nombre de locataires dans l'impossibilité de faire usage d'un poële par les grandes dépenses qu'occasionnerait une quantité de tuyaux, par la difficulté de les poser et de les assujétir, par l'embarras de les démonter pour les nétoyer et les remonter; 2° parce qu'un propriétaire, en louant sa maison, en tire un produit qui le dédommage des frais de réparations qu'entraînent nécessairement le temps et l'usance de la chose; et nous pensons qu'un locataire peut établir un poële dans une cheminée, en réparant la faible dégradation du trou par où passe le tuyau.

Le locataire est obligé de faire ramoner les cheminées. Deux ordonnances de police de la ville de Paris, du 16 juin 1671 et 11 avril 1698, souvent renouvelées, prononcent une amende de 100 fr. contre l'habitant de cette ville dans la cheminée duquel le feu aura pris faute de l'avoir fait ramoner.

Le locataire répond de l'incendie qui a lieu dans le local qu'il a loué, à moins qu'il ne prouve que cet incendie est arrivé par cas fortuit ou force majeure, ou par vice de construction, ou que le feu a été communiqué par une maison voisine. (*Code Napoléon*, *art.* 1733.)

Si l'incendie est arrivé par le fait d'un sous-locataire, comme il est garant, par l'article 1735 du Code Napoléon, des dégradations et des pertes qui arrivent par le fait de ses sous-locataires, il est tenu de répondre de cet incendie envers le propriétaire, sauf son recours contre ce sous-locataire.

S'il y a plusieurs locataires, tous sont solidairement responsables de l'incendie, à moins qu'ils ne prouvent que l'incendie a commencé par l'habitation de l'un d'eux, auquel cas celui-là seul en est tenu, ou que quelques-uns ne prouvent que l'incendie n'a pu commencer chez eux, auquel cas ceux-là n'en sont pas tenus. (*Code Napoléon, art.* 1734.)

Un locataire doit faire les réparations dont le propriétaire l'a chargé par le bail, et s'il néglige de le faire, il peut être expulsé : c'est ce qui a été jugé par arrêt du parlement de Paris, du mois de décembre 1602, rapporté par Louet.

Il doit avertir le propriétaire lorsqu'il y a de grosses réparations à faire, ou lorsqu'un voisin nuit à la maison louée ; à faute de ce, il peut être tenu des dommages que son silence causerait. ( *L. Videamus*, 11. § *item. ff. Locat. conduct.* )

Il répond des dégradations ou des pertes qui arrivent pendant sa jouissance par sa négligence ou par sa faute, comme portes, fenêtres, volets, jalousies etc. brisés pour les avoir laissé agiter par le vent, et autres cas semblables. (*Code Napoléon, art.* 1732.)

Il n'est pas tenu de celles qu'il prouvera avoir eu lieu sans qu'il y ait de sa faute, comme par vétusté, cas fortuit, force majeure. ( *Domat, liv.* i *des Conventions.* ) ( *Code Napoléon, art.* 1732. )

Il est tenu de celles qui arrivent par le fait des personnes de sa maison, tels qu'enfants, hôtes, pensionnaires, domestiques, ouvriers, sous-locataires. (*Code Napoléon, art.* 1735.)

Il est tenu même de celles que ses ennemis peuvent causer au bâtiment dans le dessein de lui nuire. (*L. si Merces*, 25. § *Culpœ. ff. Locat. conduct.*) (*Domat, du Louage, tit.* 1, *sect.* 2.)

Il ne peut jeter dans les latrines ni eaux de vaisselle, ni eaux de savon, ni autres choses qui y produisent des effets dangereux, entre autres *le plomb*, sans donner lieu au propriétaire à une indemnité contre lui, et sans encourir une amende de police.

Non-seulement un locataire doit faire un bon usage de la chose louée, mais encore il doit en faire un usage honnête et non contraire à l'intérêt public. Ainsi un propriétaire pourrait expulser de sa maison un locataire qui en ferait un lieu de rassemblement de voleurs, de prostitution, de jeux prohibés, etc. Denisart, sous le mot *Académie de jeu*, cite un arrêt du parlement de Paris, du 31 décembre 1721, qui, appliquant aux lieux où l'on donne à jouer à des jeux de hasard les ordonnances des anciens Rois, et notamment la déclaration du 26 juillet 1713, contre les lieux de prostitution, a, sur la demande d'un propriétaire, condamné un locataire qui donnait la nuit à jouer, à sortir sous vingt-quatre heures de la maison, malgré qu'il y eût un bail pardevant notaire pour plusieurs années.

## SECTION III.

### *Obligation de payer le prix du bail aux termes convenus.*

Cette obligation est une de celles qui fournit le plus matière aux contestations. Afin de faire connaître les plus fréquentes, nous allons présenter le développement de cette principale obligation sous les divisions suivantes :

1° Comment doit payer le locataire ?

2° Quand doit payer le locataire ?

3° Où doit payer le locataire ?

4° A qui doit payer le locataire ?

5° Quand le locataire a-t-il droit à une diminution de prix ?

6° Que doit faire le locataire lorsque le propriétaire refuse le paiement ?

7° Combien de termes un propriétaire peut-il exiger d'un locataire ?

8° Quelles poursuites peut exercer un propriétaire contre un locataire qui ne paye point ?

9° Quel privilége a le propriétaire pour le paiement des loyers dus par le locataire ?

1° *Comment doit payer le locataire ?* Le prix du loyer que doit payer le locataire au propriétaire, peut être ou en argent, ou en marchandises, ou en denrées, suivant les conventions que les parties ont faites entre elles.

Ce prix, quelque énorme qu'il soit, n'est point sujet à restitution pour cause de lésion, parce qu'il n'y a point, suivant les principes de notre Droit français, de restitution pour fait de louage.

Le propriétaire ne peut être contraint de recevoir en paiement de ses loyers autre chose que celle qui lui est due, quoique la valeur de la chose offerte soit égale ou même plus grande. (*Code Napoléon, art.* 1248.)

Si le prix du loyer est dû en argent, il doit être fait en espèces ayant cours, et suivant le cours qu'elles ont, non avec celles qui avaient cours au temps où la dette a été contractée, ou suivant leur valeur réelle.

Si le prix du loyer est en marchandises ou denrées, le locataire n'est pas tenu de les fournir de la meilleure qualité, mais aussi il ne peut les offrir de la plus mauvaise. (*Code Napoléon, art.* 1246.)

Le locataire ne peut forcer le propriétaire à recevoir un à-compte sur son loyer; il doit le payer en totalité. (*Code Napoléon, art.* 1244.)

Si le bail n'est que verbal entre les parties, et qu'il y ait entre elles contestation sur le prix de ce bail dont l'exécution a commencé, et qu'il n'existe point de quittances, le propriétaire en sera cru sur son serment, si mieux n'aime le locataire demander l'estimation par experts, auquel cas les frais de l'expertise restent à sa charge si l'estimation excède le prix. (*Code Napoléon*, *art.* 1716.)

Si la contestation a lieu entre le locataire et les héritiers du propriétaire décédé, on doit s'en rapporter aux dernières quittances, qui seules peuvent fournir la preuve de la convention des parties.

Mais si le bail ne fait que commencer, et qu'il n'y ait point de quittances, les héritiers ne peuvent, comme le propriétaire, être crus sur leur serment, parce qu'ils n'ont point, comme lui, coopéré à la convention; et notre Code n'ayant point prévu ce cas, on ne peut que s'en rapporter à l'estimation des experts, dont les frais d'expertise, d'après les dispositions de l'article 1716, doivent rester à la charge de la partie qui succombe.

2° *Quand doit payer le locataire ?* Le locataire doit payer au jour fixé convenu dans le bail. Ainsi, si le bail porte que le paiement sera fait à tel jour, époque où commence le terme ordinaire du lieu, le paiement doit s'effectuer ce même jour, et le propriétaire est en droit de l'exiger.

Si le bail n'est que verbal, ou si le jour du paiement n'est point exprimé dans le bail écrit, on doit se conformer à l'usage du pays pour le terme de paiement. A Paris ces termes sont de trois mois, dans d'autres villes ils sont de six mois, et dans quelques unes d'un an.

Quoiqu'il soit accordé à Paris, au locataire, après la fin du bail, huit jours de grâce pour les loyers au dessous de mille francs, et quinze jours pour les corps de logis entiers, boutiques et appartements de mille francs et au dessus de loyer, afin de faire le déménagement et les réparations locatives, cela n'empêche pas que le paiement du loyer ne soit exigible le premier du mois. (*Denisart, notes sur l'Acte de Notoriété du Châtelet de Paris, du 28 mars* 1713.)

Le locataire ne peut payer d'avance sans s'exposer à payer deux fois, s'il était fait saisie-arrêt entre ses mains par les créanciers du propriétaire, parce que le paiement qu'il déclarerait avoir fait, serait considéré comme paiement par anticipation, qui ne pourrait valoir que contre celui à qui il aurait été fait, à moins qu'il ne justifiât que ce paiement a été fait en vertu d'une stipulation portée dans le bail, ou en conséquence de l'usage des lieux.

Il ne peut payer quand il a été fait entre ses mains une saisie-arrêt, que lorsqu'il lui a été signifié une main-levée de cette saisie-arrêt, ou un jugement qui l'autorise à payer; sans cela il payerait deux fois, sauf son recours contre celui à qui il aurait payé la première fois.

Cependant la saisie-arrêt ne l'empêche pas de payer les contributions dues par le propriétaire lorsque la demande lui en est faite. ( *Loi du* 12 *novembre* 1808. )

3°. *Où doit payer le locataire?* Le paiement du loyer doit se faire dans le lieu et au domicile désignés par le bail. Si le lieu et le domicile ne sont pas désignés dans le bail, ou si le bail n'est que verbal, le paiement doit être fait dans le lieu où est située la chose louée et au domicile du propriétaire s'il y demeure. ( *Code Nap.*, *art.* 1247. )

Quoique ce paiement au domicile du propriétaire soit, comme le dit Pothier, une déférence que le locataire doit au propriétaire, si le propriétaire est éloigné, le locataire n'est pas cependant tenu à faire un déplacement pour ce paiement; il doit attendre que le propriétaire viène recevoir.

Les frais de paiement en marchandises,

denrées, argent, sont à la charge du locataire lorsqu'il est tenu par le bail à payer au domicile du propriétaire. (*Code Napoléon, art.* 1248.)

4. *A qui doit payer le locataire?* Le locataire doit payer au propriétaire ou à quelqu'un ayant pouvoirs de lui, ou qui soit autorisé par justice ou par la loi, à recevoir pour lui. (*Code Napoléon, art.* 1239.)

Il peut donc payer au porteur de la quittance du propriétaire, et cette clause souvent même se stipule dans le bail; mais en payant ainsi entre les mains d'une tierce personne, quoique la quittance qu'il reçoit, soit pour lui une preuve de l'acquit de son loyer, il ne saurait apporter trop de précaution pour s'assurer de la probité de la personne qui est porteur de la quittance, ou pour reconnaître la signature du propriétaire; car si le paiement était fait sur une fausse quittance, il ne serait point valable et ne libérerait point le locataire vis-à-vis du propriétaire.

Il peut aussi payer au porteur de la procuration du propriétaire; mais auparavant il doit s'assurer par la représentation de cette procuration, si elle est pardevant notaire ou sous seing-privé; si étant sous seing-privé elle est bien en forme, si elle est sur papier timbré et enregistrée; si étant pardevant notaire ou sous seing-privé elle est légalisée, ayant été passée hors l'arrondissement du lieu où elle sert; si elle porte pouvoir de recevoir le prix des loyers et d'en donner quittances. Si la procuration n'est que sous seing-privé, il doit en garder l'original entre ses mains; si elle est pardevant notaire, il doit en faire faire mention dans sa quittance, ainsi que de la date de l'enregistrement.

S'il paye entre les mains du porteur d'une fausse procuration du propriétaire, le paiement est nul et ne libère point le locataire, parce qu'il doit examiner le titre sur lequel il paye, et qu'un propriétaire ne doit pas souffrir de la négligence ou de l'ignorance du locataire.

Si le propriétaire avait révoqué la procuration de celui à qui il avait donné pouvoir de recevoir ses loyers, le paiement fait par le locataire à ce fondé de pouvoirs depuis la révocation, serait nul à l'égard du propriétaire, sauf le recours du locataire sur celui à qui il aurait payé, à moins que le propriétaire n'eût pas notifié au locataire sa révocation, ou à moins que le locataire ne prouvât que le paiement a tourné au profit du propriétaire.

Il ne peut payer entre les mains de quelqu'un qui n'aurait pas pouvoir du propriétaire de recevoir, ou qui serait incapable de recevoir, comme une femme., un mineur, car le paiement ne serait valable et ne le libérerait qu'autant que le propriétaire ratifierait le paiement ou qu'il prouverait que ce paiement a tourné au profit du propriétaire. (*Code Napoléon, art.* 1239, 1241.)

Il ne peut payer entre les mains d'un avoué chargé par le propriétaire de le poursuivre pour obtenir le paiement des loyers dus. Le paiement qu'il ferait à cet avoué ne serait valable qu'autant qu'il serait ratifié par le propriétaire, ou que l'avoué aurait un pouvoir exprès de recevoir et de donner quittance. ( *L.* 86. ff. *de solut. et liberat.* )

Il peut au contraire payer entre les mains d'un huissier porteur d'un bail exécutoire qui vient de la part du propriétaire pour le mettre à exécution, parce que ce titre équivaut à un pouvoir et la quittance que donne cet huissier est valable.

Il peut payer à la femme du propriétaire, si elle lui justifie de l'autorisation de son mari pour recevoir les loyers et en donner quittance, si elle est sous sa puissance; ou de l'autorisation de la justice, pour administrer ses biens et ceux de son mari, et en recevoir les revenus, si le mari est absent, interdit, ou condamné à une peine infamante.

Il peut payer entre les mains d'une femme, quoique sous puissance de mari, sans l'autorisation du mari, si la chose louée dépend des biens dont cette femme a l'administration, soit en vertu de son contrat de mariage, soit en vertu d'une séparation de biens par autorité de justice.

Il peut payer entre les mains d'un mineur émancipé, quoique le bail ait été fait par le tuteur, parce que l'émancipation procure au mineur le droit d'administrer ses biens, d'en recevoir les revenus et d'en donner quittances. ( *Code Napoléon, art.* 481 ).

Si un propriétaire est absent sans avoir laissé un fondé de pouvoirs pour l'administration de ses biens, le locataire doit payer entre les mains de l'administrateur chargé par le tribunal, de la régie des biens de ce propriétaire absent, ou entre les mains des héritiers présomptifs de ce propriétaire, envoyés en possession de ses biens par un jugement, après toutefois qu'on lui aura notifié le jugement du tribunal. ( *Code Napoléon, art.* 112, 120.)

Si un propriétaire est en faillite, il est alors dessaisi de l'administration de tous ses biens, et le locataire ne peut payer entre ses mains ; les paiements qu'il ferait, étant en fraude des créanciers, seraient nuls et ne le libéreraient pas ; c'est entre les mains des agents ou syndics nommés pour faire le recouvrement des sommes dues au failli, qu'il doit payer, après qu'on lui aura notifié le jugement qui aura nommé ces agents ou syndics. (*Code de commerce, titre III, art.* 6, 11, 27, 63, 91.)

Si un propriétaire a vendu la propriété louée, le locataire ne doit payer au nouvel acquéreur qu'après que celui-ci lui aura fait connaître sa qualité d'acquéreur par un extrait du contrat de vente signifié par huissier.

Si le propriétaire est décédé, c'est aux héritiers, aux successeurs de ce propriétaire que le locataire doit payer ; mais il ne doit le faire qu'après que ces personnes qui représentent le propriétaire, lui auront notifié par huissier leur qualité d'héritier.

Si la chose louée a passé après la mort du propriétaire, à plusieurs héritiers qui en jouissent par indivis, tous doivent recevoir et signer la quittance, ou un seul d'eux fondé par les autres d'un pouvoir dont le locataire doit se faire donner connaissance.

Si un des héritiers du propriétaire décédé est devenu seul nouveau propriétaire par partage et lot de la chose louée, le locataire ne doit payer à ce nouveau propriétaire, qu'après que celui-ci lui aura notifié sa qualité d'héritier et un extrait de son lot.

Si les héritiers du propriétaire décédé ont renoncé à sa succession, et qu'elle soit vacante, c'est entre les mains du curateur nommé à cette succession par le tribunal, que doit payer le locataire, après qu'on lui aura notifié le jugement qui nomme le curateur.

La quittance que le locataire doit retirer de celui entre les mains de qui il paye est à la charge des locataires, d'après l'article 1248 du Code Napoléon, qui porte que « les frais de paiement sont à la charge » du débiteur ».

Ainsi, si celui entre les mains de qui on paye, ne savait écrire, la quittance qu'on lui demanderait ne pouvant être que par devant notaire, serait aux frais du locataire.

La quittance donnée sous seing-privé, doit être sur papier timbré, sous peine d'amende de trente francs. (*Loi du 13 brumaire an 7, art. 12 et 26.*)

Ce papier timbré doit être fourni par le locataire, conformément à l'article 9 de la loi du 17 juin 1791, qui porte que « le timbre des quittances est à la charge de ceux à qui elles sont délivrées. » Et conformément aussi aux dispositions de l'article 1248 du Code Napoléon, qui charge les débiteurs de tous les frais de paiement.

L'article 16 de la loi du 13 brûmaire an 7, excepte de la formalité du timbre les quittances dont les sommes n'excèdent pas dix francs, quand il ne s'agit pas d'un à-compte ou d'une quittance finale sur une plus forte somme.

On ne peut faire mettre plusieurs quittances à la suite, sur la même feuille de papier timbré, à peine de trente francs d'amende. (*Loi du* 13 *brumaire an* 7, *art.* 23 *et* 26.)

Un locataire, dans sa dernière quittance, doit toujours avoir attention d'y faire mettre les mots *pour solde*, parce que le propriétaire étant en droit d'exiger trois termes et étant cru à son serment, pourrait demander la représentation des autres quittances précédentes, et si elles étaient perdues, il s'exposerait à payer deux fois.

5°. *Quand le locataire a-t-il droit à une diminution de prix?* Un locataire a droit à une diminution de prix de son loyer, quand au jour fixé pour son entrée en jouissance, le propriétaire ne lui a pu remettre les clefs, ou que le local n'était pas habitable à cause des réparations qui restaient à faire; quand pendant la durée de son bail, partie de la chose louée a été détruite ; quand les réparations que le propriétaire a fait faire, ont duré plus de quarante jours; quand il a été troublé dans sa jouissance par suite d'une action concernant la propriété ; quand quelques vices ou défauts de la chose louée l'ont empêché d'en jouir en totalité: cette diminution a lieu à proportion du temps et de la partie de la chose louée dont le locataire a été privé.

Si le propriétaire se refuse à cette diminution de prix, le locataire ne peut la fixer par lui-même et la retenir sur le paiement ; il doit préalablement payer le loyer dû, et ensuite faire ordonner en justice la diminution à laquelle il prétend, et faire prononcer, s'il y a lieu, une restitution du surplus qu'aura perçu le propriétaire, ou l'imputation à décharge de ce surplus, sur le premier paiement à venir.

Il en est de même des avances que le locataire a faites pour le paiement des réparations que le propriétaire l'avait chargé de faire faire pour son compte; le locataire ne peut de lui-même les compenser avec les loyers dus si elles sont contestées par le propriétaire; il faut qu'un jugement en fixe le montant et prononce leur compensation avec les loyers échus et à échoir.

6°. *Que doit faire le locataire lorsque*

*le propriétaire refuse le paiement*? S'il y a contestations entre le propriétaire et le locataire sur le prix du loyer, et que le propriétaire refuse de le recevoir, le locataire qui veut se libérer, peut faire des offres réelles de la somme due au propriétaire, et sur son refus de les accepter, consigner la somme.

Cette consignation libère le locataire; elle a à son égard le même effet que le paiement lorsqu'elle est valablement faite, et la somme consignée demeure aux risques du propriétaire. (*Code Napoléon, art.* 1257.)

Le locataire peut aussi consigner le prix de son loyer, lorsque le propriétaire est absent et qu'il n'a laissé personne pour le représenter, ou lorsqu'il est décédé et que ses héritiers ne sont pas encore connus, ou qu'il y a contestation entre eux sur leurs droits.

7°. *Combien de termes un propriétaire peut-il exiger d'un locataire*? Un propriétaire qui a un bail pardevant notaire ou sous seing-privé enregistré, peut demander à son locataire le prix de tous les termes échus dont il ne justifie point de quittances, et s'il y a contestation sur le nombre de ces termes, le propriétaire est cru à son serment, parce que c'était au locataire à se faire donner des quittances : mais il faut pour cela que le propriétaire n'ait pas laissé sortir des lieux le locataire ; car si ce dernier en est sorti, la présomption de paiement étant en sa faveur, c'est à son serment qu'on s'en rapporte.

La représentation de trois quittances particulières et séparées de paiement de trois termes de suite, fait présumer le paiement des autres termes et établit envers le propriétaire une fin de non-recevoir contre la demande en paiement de ces mêmes termes. La présomption de paiement, vient de ce qu'il est d'usage qu'un propriétaire reçoive de son locataire les anciens loyers dus avant les nouveaux, et qu'il n'est pas probable qu'il se soit fait payer les trois derniers termes consécutifs, sans avoir été payé des anciens.

Pour que cette présomption de paiement ait lieu, il faut que ce soit la même personne par qui les termes précédents sont réclamés, qui ait donné les trois quittances consécutives. Ainsi, si un propriétaire à qui il serait dû plusieurs termes, eût vendu sa propriété, et que depuis la vente l'acquéreur se fût fait payer de trois années dues depuis son acquisition, les trois quittances qu'il aurait données n'opéreraient point une fin de non-recevoir contre le premier propriétaire.

La représentation d'une seule quittance de paiement de trois termes ne donne point la même présomption de paiement pour les termes précédents, à moins qu'elle ne porte les mots *pour solde.*

Dans le cas de la fin de non-recevoir opposée au propriétaire, celui-ci ne peut prouver par son registre, quelque régulier qu'il soit, qu'il n'a pas été payé; il peut seulement déférer au locataire le serment décisoire s'il a payé les termes précédents.

Trois consignations de trois termes consécutifs de la part du locataire, après autant de sommations faites au propriétaire de recevoir, n'opèrent point une présomption de paiement des termes précédents, il faut les quittances du propriétaire, qui seules opèrent cette présomption.

Si le bail n'est que verbal, le propriétaire ne peut exiger du locataire qui n'a point de quittances que le paiement de trois termes et le courant.

Un locataire encore en jouissance qui ne représente qu'une dernière quittance, ne peut faire valoir cette quittance pour éluder le paiement qui lui est demandé de deux autres termes précédents dus, dont il ne peut rapporter de quittances, à moins que cette dernière quittance ne porte ces mots: *pour solde.*

Le loyer des maisons se prescrit par cinq ans. (*Code Napoléon, art.* 2277.)

Pour qu'un locataire puisse, après cinq ans, opposer à un propriétaire ou à ses représentants la prescription contre une demande qui lui est faite, en vertu d'un bail notarié ou sous seing-privé enregistré, du paiement d'anciens loyers, il faut que pendant cinq ans le propriétaire n'ait fait contre le locataire aucune poursuite juridique relative à ce paiement, ou que le locataire ou ses héritiers n'aient donné aucune reconnaissance de la somme demandée; car un commandement, une saisie, une assignation en justice de la part du propriétaire pour obtenir le paiement des loyers contre lesquels on veut prescrire, une reconnaissance de ces mêmes loyers, passée par le locataire ou ses héritiers au propriétaire ou à ses représentants, interrompent la prescription. (*Code Napoléon, art.* 2244, 2245, 2248.)

8° *Quelles poursuites peut exercer un propriétaire contre un locataire qui ne paye point?* La première chose que peut faire un propriétaire lorsque le locataire ne paye point à l'époque fixée par le bail ou au terme d'usage, c'est de constituer ce locataire en demeure de payer, par une sommation ou commandement, qui tombe toujours à la charge du locataire, et qui sert à interrompre la prescription.

Si le locataire reste deux termes sans payer, le propriétaire peut le faire assigner pour avoir le paiement de ces deux termes échus et de celui qui court, et faire prononcer la résiliation du bail, faute d'en remplir les conditions. (*Arrêt de la Cour d'appel de Poitiers*, *du* 31 *juillet* 1806.)

Lorsque les termes sont courts, comme à Paris, l'usage est de ne prononcer la résiliation du bail, faute de paiement, qu'après l'échéance de trois termes et le courant. (*Denisart*, *Bourjon*, *Ferrière.*)

En cas de faillite de la part du locataire, le propriétaire peut exiger de lui une hypothèque pour la sûreté des loyers, ou la résiliation du bail. (*Arrêt de la Cour de cassation*, *du* 16 *décembre* 1807.)

Les sommes dues pour loyers produisent intérêt du jour de la demande en justice. (*Acte de Notoriété du châtelet de Paris*, *du* 18 *avril* 1705.) (*Code Napoléon*, *art.* 1155.)

Le propriétaire, lorsqu'un principal locataire ne paye point, peut aussi, en vertu d'un bail authentique, ou, à défaut de bail, en vertu d'une ordonnance obtenue sur requête du président du tribunal de première instance du domicile du locataire, faire saisir-arrêter entre les mains des sous-locataires les sommes par eux dues pour leur sous-location au principal locataire. ( *Code de procédure*, *art*. 557, 558.)

Les meubles et effets du locataire étant le gage tacite destiné au paiement du loyer, la loi, par la saisie-gagerie de ces meubles, qu'elle permet au propriétaire, offre à ce dernier un moyen prompt de s'en faire payer. Ainsi un propriétaire à qui il est dû des loyers, soit qu'il y ait bail, soit qu'il n'y en ait point, peut, un jour après un commandement de payer, et sans permission du juge, faire saisir-gager les meubles et effets qui sont dans les lieux loués; il peut même, en cas d'urgence, comme cela a lieu lorsqu'il est instruit qu'un locataire cherche à soustraire ses meubles et effets, faire saisir-gager à l'instant, sans commandement préalable, en vertu d'une permission obtenue sur requête du président du tribunal de première instance. ( *Code de procédure*, *art*. 819.)

Le propriétaire peut aussi faire saisir-gager les meubles et effets des sous-locataires, garnissant les lieux par eux occupés qu'ils sous-louent, pour les loyers dus par le principal locataire de qui ils tiennent, à moins qu'ils ne justifient qu'ils ont payé sans fraude et sans anticipation. (*Code de procédure, art.* 820.)

Le propriétaire peut encore, par droit de suite, revendiquer les meubles et effets de son locataire, qui garnissaient les lieux qu'il avait loués, lorsqu'ils ont été déplacés sans son consentement, soit que le locataire les ait vendus, soit qu'il les ait donnés en paiement ou nantissement, soit qu'il les ait rendus à la personne à qui ils appartenaient et qui les avait prêtés pour garnir son local, pourvu néanmoins que la revendication en soit faite dans la quinzaine de leur enlèvement, ou qu'ils n'aient pas été vendus publiquement sans opposition de sa part, ou qu'il ne soit prouvé qu'il avait connaissance que ces meubles et effets n'appartenaient pas à son locataire. (*Lacombe*, mot *Bail.*) (*Répertoire de jurisprudence*, mot *Bail.*) (*Code Napoléon, art.* 2102.) (*Code de procédure, art.* 819.)

Cette revendication de la part du propriétaire, des meubles que son locataire a déplacés, sans son consentement, du local loué, ne peut être faite chez un tiers qu'en vertu d'une ordonnance du président du tribunal de première instance, rendue sur requête. (*Code de procédure, art.* 826.)

Le propriétaire ne peut faire saisir-gager

le coucher nécessaire de son locataire, ceux de ses enfants vivant avec lui, les habits dont ils sont vêtus et couverts. (*Code de procédure*, *art.* 592.)

Il peut faire saisir-gager les meubles meublants qu'un marchand aurait loués ou prêtés à son locataire, parce qu'ils sont, comme les meubles même du locataire, le gage du prix du loyer, dès-lors qu'ils servent à son ameublement. (*Ferrière*, *sur l'art.* 161 *de la Coutume de Paris.*)

Il ne peut faire saisir-gager chez son locataire, marchand ou ouvrier, les meubles et effets qui y ont été apportés pour y être confectionnés, raccommodés, apprêtés; comme, chez un horloger, les montres, les pendules des particuliers; chez un tailleur, les habits et étoffes de ses pratiques; chez une blanchisseuse, le linge à blanchir; un tapissier, les meubles à raccommoder, etc., parce que ce ne sont point des meubles et effets appartenants à son locataire, mais de véritables dépôts.

Il ne peut faire saisir-gager les meubles et effets des pensionnaires, ouvriers, domestiques de son locataire.

Il en est de même des effets d'un voyageur dans une auberge ou une maison garnie.

Après la saisie-gagerie des meubles et effets de son locataire, un propriétaire doit la faire déclarer valable par le tribunal de première instance, en donner signification au locataire, et huit jours après il peut faire procéder à la vente. (*Code de procédure, art.* 613, 824.)

Si, après la saisie des meubles et effets du locataire, déclarée valable, celui-ci, pour empêcher la vente, offre au propriétaire un à-compte de la somme due, quoique le propriétaire ne puisse être forcé de recevoir son paiement par parties, les juges peuvent néanmoins, en considération de la position du débiteur, accorder un délai pour le paiement, et surseoir à l'exécution des poursuites, toutes choses demeurant en état. (*Code Napoléon, art.* 1244.)

Si un locataire disparaît sans avoir payé le propriétaire, celui-ci n'a point le droit de faire ouvrir les lieux, de son autorité privée, même en présence de témoins ; il doit présenter sa requête au président du tribunal de première instance, expositive de l'absence et des loyers qui lui sont dus par l'absent, et tendante à ce qu'il soit autorisé à faire faire l'ouverture des lieux par un serrurier, en présence du juge de paix ou d'un commissaire de police, à faire faire la saisie des meubles et effets qui s'y trouvent, pour ensuite être procédé à leur vente jusqu'à la concurrence de ce qui lui est dû et des frais qu'occasionnera ladite vente, et le surplus être mis en séquestre et prendre la jouissance du local.

Si un locataire décède sans laisser d'héritiers, le propriétaire doit suivre la même marche que s'il était absent. S'il y a eu, soit à la requête du ministère public, soit à celle de quelque créancier, des scellés apposés aussitôt après son décès, il peut se rendre opposant aux scellés, soit par une déclaration sur le procès-verbal des scellés, soit par exploit signifié au greffe du juge de paix. (*Code de procédure, art.* 926.)

Le droit qu'a le propriétaire de faire saisir les meubles et effets de son locataire en retard de paiement, ne lui donne point celui de s'opposer à la saisie et à la vente de ces meubles et effets que voudrait faire faire un des créanciers de ce locataire, mais seulement celui de former opposition sur le prix de la vente. (*Code de procédure, art.* 609.)

9° *Quel privilége a le propriétaire pour le paiement des loyers dus par le locataire?*

Non seulement le propriétaire a le droit de faire saisir et vendre les meubles et effets de son locataire qui ne paye point son loyer, mais il a encore le privilége d'être payé préférablement à tout autre, même à celui qui aurait fait faire la saisie, sur les deniers provenants de la vente des meubles qui garnissent le local loué. ( *Code Napoléon, art.* 2102. )

Ce privilége s'étend aussi sur le prix des marchandises qui garnissent une boutique, un magasin, parce qu'elles sont le gage naturel du propriétaire pour cette location. ( *Pothier, Contrat de louage, part.* 4, *chap.* 1, *art.* 2.)

Ce privilége ne s'étend point sur l'argent, l'argenterie, les pierreries, les bijoux, les billets, les obligations, parce que ce ne sont point des meubles qui garnissent. ( *Pothier, Denisart, Ferrière.* )

Les contributions dues par le locataire se paient sur le prix de la vente avant tout. ( *Loi du* 12 *décembre* 1808. )

Le privilége du propriétaire a lieu pour tous les termes échus et pour tous ceux à échoir, si le bail est pardevant notaire, ou si, étant sous seing-privé, il a été enregistré; si le bail est sous seing-privé, sans avoir été enregistré, ou s'il n'est que verbal, le privilége n'a lieu que pour une année, à partir de l'expiration de l'année courante. ( *Code Napoléon, art.* 2102. )

Le même privilége a lieu pour les réparations locatives et pour tout ce qui concerne l'exécution du bail. (*Code Napoléon*, *art.* 2102.)

Le propriétaire exerce ce privilége sur les meubles et effets qui garnissaient le local loué, qui ont été déplacés sans son consentement, et dont il a fait la revendication dans la quinzaine de leur enlèvement. (*Code Napoléon*, *art.* 2102.)

Dans le cas où le propriétaire, en vertu d'un bail pardevant notaire ou sous seing-privé, enregistré, a son privilége pour tous les loyers échus et ceux à échoir, et en a touché le prix, les autres créanciers ont le droit de relouer le local pour le restant du bail, et de faire leur profit des termes à échoir, à la charge de payer au propriétaire tout ce qui lui serait encore dû. (*Code Napoléon*, *art.* 2102.)

Lorsqu'il y a une clause résolutoire réciproque dans le bail de *trois* ou de *six* ans, c'est-à-dire quand le propriétaire et le locataire sont convenus qu'il leur serait réciproquement libre de se départir du bail après trois ou six ans, en s'avertissant trois ou six mois d'avance, les autres créanciers, s'il y en a, exerçant les droits du locataire, peuvent donner congé à l'une des époques fixées dans le bail, afin que le propriétaire ne prolonge pas son privilége à leur préjudice au-delà du temps que le locataire peut cesser d'exécuter le bail. (*Acte de Notoriété du châtelet de Paris, du 7 février* 1688.)

Le propriétaire ne peut faire vendre les meubles des sous-locataires, afin d'exercer son privilége, que jusqu'à la concurrence du prix dû de la sous-location. (*Arrêt de la Cour de cassation, du 2 avril* 1806.)

## SECTION IV.

### *Obligation d'acquitter les charges imposées par le bail.*

Comme les conventions légalement formées tiènent lieu de loi à ceux qui les ont faites, et qu'elles obligent non seulement à ce qui y est exprimé, mais encore à toutes les suites que l'équité, l'usage ou la loi leur donnent d'après leur nature (*Code Napoléon, art.* 1134, 1135), il s'en suit qu'un locataire doit acquitter, dans toute leur étendue et accessoires, toutes les charges qui lui sont imposées par le bail, comme impôts à payer à la décharge du propriétaire, réparations, constructions à faire, etc.; qu'à défaut de remplir ces obligations, le propriétaire a droit contre lui à des dommages et intérêts.

Les charges de police, telles que balayage, illuminations et autres auxquelles les locataires sont assujétis, doivent aussi être acquittées par lui, soit qu'il en soit fait ou non mention dans le bail, et les frais et amendes occasionnées par sa négligence à s'en acquitter doivent être supportés par lui seul.

Il doit en outre, quand même il n'en serait pas chargé par son bail, en exécution de l'art. 147 de la loi du 23 novembre 1798 sur la contribution foncière, payer à l'acquit du propriétaire du local qu'il loue, l'impôt foncier de ce même local, sauf à s'en faire tenir compte. « Tous fermiers ou locataires (dit » cet article) seront tenus de payer à l'ac- » quit des propriétaires ou usufruitiers, la » contribution foncière pour les biens qu'ils » auront pris à loyer, et les propriétaires » ou usufruitiers, de recevoir le montant des » quittances de cette contribution pour comp- » tant sur le prix des fermages ou loyers, à » moins que le fermier ou locataire n'en soit » chargé par son bail. » Une saisie-arrêt ne le dispense pas même d'acquitter cet impôt. (*Loi du 12 novembre* 1808.)

## SECTION V.

### *Obligation d'acquitter l'impôt des portes et fenêtres.*

La contribution sur les portes et fenêtres, établie par la loi du 4 frimaire an 7, étant à la charge du locataire, il doit l'acquitter, quand même il n'en serait pas fait mention dans son bail, à moins que, par une clause particulière du bail, il n'en soit dispensé par le propriétaire.

Cet impôt s'étend sur les portes et fenêtres donnant sur les rues, cours ou jardins. ( *Loi du 4 frimaire an 7, art. 2.* )

Comme il n'y a que les portes des rez-de-chaussées qui doivent cet impôt, c'est à tort que quelques propriétaires exigent une taxe de leurs locataires pour les portes des appartements des étages supérieurs.

Ne sont pas soumises à cette contribution les portes et fenêtres servant à éclairer ou aérer les granges, bergeries, étables, greniers, ainsi que toutes les ouvertures du comble ou toiture des maisons habitées. ( *Loi du 4 frimaire an 7, art. 5.* )

Ne sont pas soumises pareillement à cette contribution, les ouvertures sans vitres des boutiques et magasins. ( *Décision du ministre des finances, du 27 vendémiaire an 9.* )

Les propriétaires des manufactures ne sont taxés que pour les fenêtres de leur habitation personnelle et de celles de leurs concierge et commis. ( *Loi du 25 mars 1803, art. 19.* )

Cette contribution des portes et fenêtres

est exigible contre les propriétaires, usufruitiers, fermiers et locataires principaux des maisons, bâtiments et usines, sauf leur recours contre les locataires particuliers pour le remboursement de la somme due à-raison des locaux par eux occupés. (*Loi du* 25 *mars* 1803, *art.* 12.)

Lorsque le même bâtiment est occupé par le propriétaire et un ou plusieurs locataires, ou par plusieurs locataires seulement, la contribution des portes et fenêtres d'un usage commun, telles que la porte d'entrée, les fenêtres du palier ou de l'escalier, les portes et fenêtres qui n'appartiènent pas plus à un locataire qu'à l'autre, doit être acquittée par les propriétaires ou usufruitiers. (*Loi du* 25 *mars* 1803, *art.* 5.)

S'il n'y a qu'un seul locataire occupant toute la maison, toutes les portes et fenêtres étant à son usage, le propriétaire lui retiendra toute la taxe.

S'il y a un principal locataire, le propriétaire lui retiendra toute la taxe, et ce principal locataire retenant à chacun des sous-locataires la portion contributive à sa charge, les portes et fenêtres d'un usage commun resteront à la charge de ce propriétaire.

Le locataire doit le paiement de la taxe entière pour toute l'année, des portes et fenêtres du logement qu'il occupe pendant les trois premiers mois de l'année, sans pouvoir prétendre une décharge pour les neuf mois restant; mais aussi il ne supporte aucune taxe pour le cours des neuf derniers mois de l'année lorsqu'il est entré dans le local après l'expiration des trois premiers mois. (*Décision du ministre des finances, du 3 nivose an 9.*)

## TARIF.

Portes cochères ou charretières et portes des magasins des négociants, marchands en gros et commissionnaires dans les villes

| | | | |
|---|---|---|---|
| au-dessous de . . . . | 5,000 hab. | 1 fr. | 60 c. |
| de 5 à. . | 10,000 . . | 3. . | 50 |
| de 10 à. . | 25,000 . . | 7. . | 40 |
| de 25 à. . | 50,000 . . | 11. . | 20 |
| de 50 à. | 100,000 . . | 15. . | 00 |
| au-dessus de . . | 100,000 . . | 18. . | 80 |

Portes simples (du rez-de-chaussée seulement), c'est-à-dire celles qui ne peuvent donner passage à une voiture; fenêtres de rez-de-chaussée, d'entresol, de premier et deuxième au-dessus de l'entresol, tant sur le devant que sur le derrière, dans les villes

| | | | |
|---|---|---|---|
| au-dessous de . . . . | 5,000 hab. | 0 fr. | 60 c. |
| de 5 à. | 10,000 . . | 0. . | 75 |
| de 10 à. | 25,000 . . | 0. . | 90 |

| | | | |
|---|---|---|---|
| de 25 à. | 50,000 . . | 1 . . | 20 |
| de 50 à. | 100,000 . . | 1 . . | 50 |
| au-dessus de . . | 100,000 . . | 1 . . | 80 |

Fenêtres du troisième et au-dessus dans les villes

| | | |
|---|---|---|
| au-dessous de 5,000 hab. . . . | 0 fr. . | 60 c. |
| au-dessus de 5,000 . . . . . | 0 . . | 75 |

Maisons n'ayant qu'une porte et une fenêtre, dans les communes

| | | Portes. | Fenêtres. |
|---|---|---|---|
| au dessous de | 5,000 hab. | 0 fr. 40 c. | 20 c. |
| de 5 à. | 10,000 . . | 0 . . 50 | 25 |
| de 10 à. | 25,000 . . | 0 . . 60 | 30 |
| de 25 à. | 50,000 . . | 0 . . 80 | 40 |
| de 50 à. | 100,000 . . | 1 . . 0 | 50 |
| au-dessus de | 100,000 . . | 1 . . 20 | 60 |

Il est perçu en outre du principal de la contribution des portes et fenêtres, *dix centimes* additionnels par franc, affectés aux frais de confection des rôles et aux fonds de dégrèvement et de non-valeur. (*Loi du* 25 *mars* 1803, *art.* 21.)

## SECTION VI.

### *Obligation de souffrir les réparations urgentes.*

Si, durant le bail, la chose louée a besoin de réparations urgentes qui ne puissent être différées jusqu'à la fin, le locataire doit les souffrir, quelques incommodités qu'elles lui causent, et quoiqu'il soit privé pendant qu'elles se font d'une partie de la chose louée. (*Code Napoléon*, *art.* 1724.)

Par ces réparations, on entend les *grosses* réparations que le propriétaire est tenu de faire, qui ne consistent pas dans la reconstruction de la maison entière, mais dans la réfection d'une partie, comme d'un mur, des manteaux, tuyaux et souches de cheminées; rétablissement des combles, poutres par sous-œuvres et travées de planchers, escaliers, vidanges et réfection des fosses d'aisance et autres ouvrages semblables, lesquels (selon Goupil, dans ses notes sur les *Lois des bâtiments*, par Desgodets, part. 2, pag. 5) peuvent être faits et parfaits dans l'espace de six semaines.

Le locataire, quand même il n'y serait pas engagé dans son bail, est obligé de souffrir ces réparations sans aucune diminution de loyer, parce que c'est une chose censée prévue lors du bail, qu'il pourra survenir des réparations à faire, et qu'il est censé s'être soumis à en supporter l'incommodité. (*L.* 3, *de Loc. conduc. L.* 30 *ff eod.*; *Pothier*, *Cont. de louage*, *part.* II, *chap.* I.)

Mais pour qu'un locataire puisse être tenu de souffrir les grosses réparations, il faut que ces réparations soient urgentes et ne puissent être différées jusqu'à la fin du bail; car si celles qu'un propriétaire voudrait faire à sa maison, n'avaient pour but que l'agrandissement ou l'agrément du local, le locataire pourrait s'y opposer, parce que ce serait un véritable trouble que le propriétaire ferait à la jouissance du locataire sans nécessité, par l'embarras que les ouvriers causeraient, et le dérangement qu'ils nécessiteraient. D'ailleurs le locataire ayant le droit de jouir de la maison en l'état qu'elle était lors du bail qui lui en a été fait, on ne peut malgré lui en changer l'état. (*Pothier, cont. de louage, part.* II, *chap.* I.) (*Desgodets, part.* 2, *pag.* 6.)

Quoique les réparations que le propriétaire voudrait faire à sa maison fussent nécessaires, si elles n'étaient pas urgentes, et qu'il parût que le propriétaire ne se pressât de les faire à la fin du bail que pour faire tomber sur son locataire sortant cette incommodité, et l'éviter au nouveau locataire qui doit entrer, le locataire sortant pourrait en ce cas être reçu à empêcher le propriétaire de faire ces réparations avant sa sortie. (*Pothier, idem.*) (*Desgodets, idem.*)

Si sur la fin du bail un propriétaire voulait faire vuider une fosse d'aisance qui ne serait pas pleine, le locataire pourrait pareillement s'y opposer, à moins qu'il n'y eût des réparations urgentes à faire à la fosse. ( *Desgodets*, *part.* 2, *pag.* 6. )

Suivant l'usage du châtelet de Paris, attesté par Denisart au mot *Bail*, lorsque le temps pour faire les réparations ne durait pas plus de six semaines, le locataire ne pouvait prétendre aucune diminution de son loyer; cette jurisprudence a été adoptée par l'article 1724 du Code Napoléon, qui n'accorde de diminution de prix du bail au locataire que lorsque ces réparations ont duré plus de *quarante jours*. Cette diminution est proportionnée au temps et à la partie de la chose louée dont le locataire a été privé.

Pour que le locataire ait droit à une diminution du prix de son bail quand les réparations durent plus de quarante jours, il faut que ces réparations lui causent une privation d'une partie essentielle de son local et une incommodité assez considérable; car si elles ne le privaient que de quelque partie médiocre de la maison, ou ne lui causaient qu'une légère incommodité, il ne pourrait prétendre à aucune remise du loyer. ( *Pothier, contrat de louage, partie* II, *chapit.* I.)

Si ces réparations sont de telle nature qu'elles rendent inhabitable ce qui est nécessaire au logement du locataire et de sa famille, celui-ci peut alors faire résilier le bail. ( *Cod. Nap.*, *art.* 1724. )

Dans ce dernier cas, le Code ne prononce point de dédommagement en faveur du locataire, et Pothier, d'après la décision du jurisconsulte Labéon dans la loi *cum in plures*, 60, *ff Locat. conduc.*, pense qu'il ne lui en est point dû. (*Pothier, contrat de louage, part.* II, *chap.* I.)

Si le propriétaire, lorsque le logement est devenu inhabitable pour le locataire et sa famille par les réparations urgentes et nécessaires, offre au locataire un logement convenable à lui et à sa famille en attendant que les réparations soient faites, et lui accorde une indemnité pour les frais de ce déménagement, les lois romaines décident que la résiliation peut être refusée au locataire. (*L. cum plures*, 60, *ff. locat. conduc.*)

## SECTION VII.

### *Obligation de prévenir le propriétaire, des troubles qui pourraient être apportés à sa jouissance.*

Cette obligation dérive des articles 1726 et 1727 du Code Napoléon, qui veulent que le locataire ou fermier troublé dans sa jouissance par des personnes prétendant avoir droit sur la chose louée à laquelle il doit veiller et apporter tous les soins d'un bon père de famille, dénonce le trouble au propriétaire, afin que ce dernier puisse le faire cesser et mettre sa possession à l'abri des prétentions de ceux qui voudraient y porter atteinte.

## SECTION VIII.

### *Obligation d'entretenir le bail jusqu'à sa fin.*

Le locataire, comme le propriétaire, doit maintenir son bail, par écrit, jusqu'à l'expiration du terme fixé pour la fin. ( *Cod. Nap.*, *art.* 1737.)

Si le bail n'est que verbal, il doit être maintenu jusqu'à la fin du congé donné dans le délai fixé par l'usage des lieux. ( *Idem, article* 1736. )

Si le locataire ne remplit pas cette obligation, le propriétaire a droit contre lui à des dommages et intérêts, à moins qu'une convention particulière, la perte totale ou la diminution d'une partie de la chose louée, une force majeure, la résiliation du bail obtenue en justice contre le propriétaire faute de remplir ses engagemens, ne l'en dispensent.

La mort du propriétaire ne résout point le bail ( *Cod. Napol., art.* 1742. ), et par conséquent ne dispense point le locataire de le maintenir jusqu'à sa fin.

La mort du locataire ne résout point non

plus le bail, ( *Code Napol.*, *art.* 1742. ) L'obligation de le maintenir passe après son décès à ses héritiers, successeurs, légataires, qui sont tenus des dettes et charges de sa succession.

Cette obligation de maintenir le bail après le décès du locataire passe même à la femme ayant renoncé à la communauté si elle s'est engagée à ce bail solidairement avec son mari.

La banqueroute du locataire n'opère point la résiliation du bail, ses créanciers qui usent de ses droits sont tenus de le continuer.

La vente que le propriétaire fait de la maison louée, ne donne point au locataire le droit de résilier le bail, il est tenu de le maintenir avec l'acquéreur, comme il l'aurait fait avec le vendeur qui lui a loué.

Si pendant la durée du bail la chose louée est détruite en totalité, par cas fortuit, alors le bail est résilié de plein droit ; si elle n'est détruite qu'en partie, le locataire peut suivant les circonstances demander ou une diminution du prix, ou la résiliation même du bail. Dans l'un et l'autre cas il n'y a lieu à aucun dédommagement. ( *Cod. Napol.*, *art.* 1722. )

Si un locataire s'aperçoit que la maison qu'il a louée et qu'il occupe menace ruine, sur le refus du propriétaire de résilier le bail, il peut se faire autoriser en justice à faire constater par experts le danger de l'habitation du local, et ensuite faire prononcer la résiliation.

En cas de résiliation par la faute du locataire, celui-ci est tenu de payer le prix du bail pendant le temps nécessaire à la relocation, sans préjudice des dommages et intérêts qui ont pu résulter de l'abus. (*Cod. Napol.*, *art.* 1760.)

## SECTION IX.

### *Obligation de remettre à la fin du bail les lieux en même état qu'il les a reçus.*

A la fin du bail, le locataire qui a fait des changements dans le local, doit rétablir les lieux comme il les a reçus lorsqu'il y est entré; remettre les objets qui faisaient partie de sa location, tels qu'ils étaient mentionnés dans l'état qui a été dressé entre le propriétaire et lui, excepté ceux qui ont péri, ou ont été dégradés par vétusté, cas fortuit ou force majeure.

Il peut emporter les ornements, tableaux, plaques de fonte, ouvrages de menuiserie par lui placés, et autres qui sont scellés dans les gros murs avec du plâtre ou avec des pattes-de fer, en rebouchant les trous, et réparant les dégradations. (*Desgodets, lois des bâtiments.*)

S'il a fait, sans le consentement du propriétaire, de nouvelles constructions sur les bâtiments qui font partie de sa location, le propriétaire a le choix de les faire laisser telles qu'elles se trouvent, ou de faire rétablir les choses telles qu'elles étaient. (*Denisart, Ferrière.*)

Il ne peut dégrader ni gâter les peintures qu'il a fait faire sur les murs. (*Bourjon.*)

Il ne peut arracher ni emporter les arbres qu'il a plantés dans un jardin, mais il peut emporter les plantes et légumes, ainsi que les arbrisseaux et arbustes mis en pépinière. (*Denisart, Ferrière.*)

S'il n'a pas été fait d'état des lieux entre le propriétaire et le locataire, le propriétaire peut être admis à la preuve des objets qui existaient, et que le locataire a détruits ou changés, sauf à ce dernier à faire la preuve contraire.

## SECTION X.

### *Obligation de faire les réparations locatives.*

Les réparations locatives sont celles de menu entretien que le locataire, à la fin du bail, est tenu de faire de plein droit, s'il n'y a clause contraire dans le bail, ou, à moins que ces réparations ne soient occasionnées par vétusté ou force majeure. (*Cod. Napol., art.* 1754, 1755.)

On met au rang des réparations locatives, les suivantes :

Les âtres ou foyers et les contre-cœurs des cheminées endommagées, les plaques en fonte, les chambranles et tablettes en pierre, en marbre, en plâtre, en bois écornés ou cassés ;

Les carreaux cassés ou enlevés sur le plancher des fourneaux potagers qui reçoit la cendre, ceux sur le dessus des fourneaux, les scellements des réchaux, le remplacement des réchaux et grilles cassés ou brûlés ;

L'aire et la chapelle d'un four construit par le propriétaire ;

Les carreaux ou pavés de terre cuite, de pierre, de marbre, cassés ou déplacés dans les appartements et sur les marches des escaliers, à moins que la vétusté, ou leur mauvaise qualité, ou l'humidité ne les ait détériorés :

Les marches de pierres cassées, lorsque cela n'est point arrivé par le tassement ou le fléchissement des murs qui portent ces marches, mais par des fardeaux qu'on a laissé tomber dessus ;

Les plates-bandes de pierre au pourtour des murs, cassées, à moins que les cassures n'aient été occasionnées par les charges de plâtre qu'on a mis dessus, en enduisant les murs contre lesquels elles sont posées, ou par les lambris posés dessus à force ;

Le recrépissement du bas des murailles des appartements et autres lieux d'habitation à la hauteur d'un mètre ;

Les vitres fêlées, cassées, excepté celles cassées par la grêle ou autre accident extraordinaire et de force majeure ; leur nettoyage ;

Les portes, croisées, volets, jalousies, contrevents, planches de cloison ou de fermeture de boutique, châssis, panneaux de menuiserie, lambris, parquets brisés ou enfoncés ;

Les portes percées pour y mettre double serrure, ou pour y pratiquer une chatière ;

Les serrures, clefs, fermetures, gonds, targettes, pentures, verrous de manque ou cassés ;

Les grilles, barreaux, balcons, rampes de fer de manque, rompus ou faussés ;

Les grilles, barreaux, rampes, écuyers en bois, brisés ou de manque ;

Les treillis de fil de fer ou de laiton, rompus ;

Les sonnettes, leurs ressorts, mouvements, fils de fer, cordons brisés ou de manque ;

Les tringles de fer des croisées, poulies, croissants pour tenir les rideaux, de manque ou brisés ;

Les glaces cassées, fêlées ou écornées, àmoins que ce ne soit par l'effet des bois de parquet en se déjetant ou par le tassement et gonflement des plâtres; les tableaux percés ou déchirés, les statues, vases, lanternes, brisés; les ornements, moulures, sculptures, encadrements, endommagés ;

Les tables, coquilles, cuvettes de marbre cassées, fêlées ou écornées ;

Les pierres à laver la vaisselle, cassées ou écornées ; l'engorgement des tuyaux qui reçoivent les eaux du lavoir ; l'enfoncement des grilles des conduits ;

Les pitons, les tringles, les balanciers des pompes, cassés ou forcés ;

Les poulies et leurs chappes, les cordes et mains de fer des puits et des greniers, de manque ou endommagés par négligence ;

Le dégorgement des tuyaux de descente en plomb ou en grès ;

Les auges de pierre, les mardelles de puits ; les bornes dans les cours, cassées, à moins que ce ne soit par l'effet de la gelée ; les barrières de charpente des cours et remises, brisées ;

Les ratcliers des écuries, les barres de séparations pour les chevaux, brisées ; les trous à la maçonnerie des mangeoires ;

Les statues, vases, pots de marbre, de fayence, de terre cuite, à l'usage des jardins, brisés par violence et non par l'intempérie de l'air ;

Les bancs, chaises, caisses, treillages, palissades des jardins, brisées, à moins que ce ne soit par vétusté ;

Les arbres, arbustes, buis, gazons des jardins, détruits ;

Le dégorgement des conduits de fer, de plomb, de grès des bassins ou jets d'eau ; le rétablissement de ces conduits et des robinets, brisés ou crevés pour n'avoir pas eu soin d'en ôter l'eau pendant la gelée ;

Le ramonage des cheminées ;

Enfin le rétablissement de tous les objets qui se trouvent manquer ; la réfection ou réparation de tous ceux qui se trouvent cassés ou détériorés par la négligence ou par l'usage imprudent qu'en a fait le locataire. (*Pothier, Bourjon, Desgodets, Goupil, Denisart, Ferrière. ; Code Napoléon, art.* 1754, 1755).

La force majeure dispensant le locataire de la réparation ou du rétablissement des objets endommagés ou détruits, c'est à lui à faire constater par un procès-verbal dressé par un commissaire de police les effets de cette force majeure.

Les fers, les plombs et autres appartenances de la maison, qui ont été volés, sont à la charge du locataire qui les a en garde et qui doit en répondre, à moins qu'il ne fasse constater par un procès-verbal qu'il n'y a pas de sa faute ou de sa négligence.

Comme un locataire, en entrant dans un local, reconnaît ou est censé reconnaître que tout est en bon état de réparations locatives, et qu'il s'oblige à rendre les lieux tels, à la fin du bail, il doit avoir soin en entrant d'examiner l'état des choses et de s'en faire donner état, et de faire faire par le propriétaire, les réparations qu'il y a à faire ; car s'il n'y a pas d'état fait, la présomption des réparations que demande un propriétaire à la fin du bail, est en sa faveur, sauf à ce locataire à faire la preuve contraire (*Code Napoléon*, *art.* 1731).

Le locataire n'est pas tenu de fournir les choses qui manquent ou qui sont brisées, meilleures qu'elles n'étaient, mais seulement aussi bonnes, ni de refaire à neuf celles usées par vétusté ou par l'usage, mais seulement de représenter les mêmes qu'il a reçues, en entier, bonnes ou mauvaises, sans y avoir fait aucun changement.

Les réparations locatives des lieux communs à plusieurs locataires d'une maison, ne pouvant être imputées à l'un plutôt qu'à l'autre, sont à la charge du principal locataire s'il y en a un, sinon à celle du propriétaire.

Quoique les réparations locatives ne doivent être faites par le locataire qu'à la fin du bail et en sortant, le propriétaire peut cependant forcer le locataire à les faire de suite, lorsque ces réparations, si elles étaient négligées, pourraient occasionner du dommage ou des dégradations à la maison.

Il y a même des réparations locatives qui, faute d'avoir été faites de suite, peuvent donner lieu à un propriétaire à des demandes en dommages et intérêts envers un locataire pour les dégradations qu'elles ont causées, comme :

Les carreaux cassés aux combles par lesquels les eaux seraient entrées et auraient détérioré les aires, les plafonds, les parquets, les planchers ;

Les trous aux cheminées par lequel le feu se serait communiqué aux armoires et boiseries ;

Les pavés des rez-de-chaussée ou dalles, brisés ou enlevés par lesquels les eaux auraient filtré dans les caves et dégradé les voûtes ;

L'engorgement des fosses d'aisance, des

tuyaux en plomb, en fer, en grès, des descentes ou conduits d'eau qui aurait causé des dégradations, des dérangements, des réparations considérables ;

Généralement toutes les suppressions ou démolitions faites par le locataire pour son utilité ou son agrément et qui auraient occasionné au propriétaire des réparations qui sans cela n'auraient pas eu lieu et auxquelles il ne devait pas s'attendre.

Toutes ces décisions ont pour fondement l'équité, l'usage et le sentiment des auteurs les plus accrédités sur cette matière.

## CHAPITRE III.

### *Des sous-locataires.*

NUL à la vérité ne peut disposer de la chose d'autrui, sans le consentement de celui qui en a la propriété ; ce principe est de droit naturel. Mais par une faveur particulière qui ne blesse point ce droit, les lois romaines ont accordé au locataire le privilége de sous-louer s'il n'y a empêchement de la part du propriétaire ; *nemo prohibetur rem quam conduxit, fruendam alii locare, si nihil aliud convenit* (*L.* 16, *Cod. de Locat.*).

Le Code Napoléon s'est conformé sur ce point aux dispositions de la loi romaine, et a accordé la même faveur au locataire par l'article 1717, ainsi conçu : « le preneur a le droit de sous-louer et même de » céder son bail à un autre, si cette faculté » ne lui a pas été interdite. Elle peut être » interdite pour le tout ou partie. Cette clause » est toujours de rigueur ».

De cet article qui doit être notre règle en cette matière, naissent les obligations suivantes :

1° Obligations du principal locataire envers le propriétaire ;

2° Obligations réciproques du principal locataire et du sous-locataire l'un envers l'autre ;

3° Obligations du sous-locataire envers le propriétaire.

## SECTION PREMIÈRE.

### *Obligations du principal locataire envers le propriétaire.*

Ce n'est, comme nous l'avons vu ci-dessus, que lorsque le propriétaire n'a pas interdit la faculté de sous-louer ou de céder le bail, qu'un locataire peut sous-louer soit une partie, soit la totalité de sa location. Mais si le propriétaire, pour ne pas laisser introduire dans sa maison des sous-locataires qui ne lui conviendraient pas, a stipulé dans le bail que le locataire ne pourrait sans son consentement sous-louer ou rétrocéder son bail, le locataire est tenu à la stricte exécution de cette convention ; et s'il y contrevient, le propriétaire peut demander la résiliation du bail avec dommages et intérêts.

Si la faculté de sous-louer ou de rétrocéder n'a point été interdite par le bail au locataire, alors il peut en user ; mais dans ce cas il reste toujours garant envers le propriétaire du prix du loyer de la partie qu'il a sous-louée et des dégradations que pourraient y faire les sous-locataires.

Il est tenu à la même garantie envers le propriétaire pour les sous-locations ou la rétrocession qu'il pourrait faire, du consentement même du propriétaire, à moins que ce dernier n'y eût renoncé par une décharge particulière.

Le principal locataire, en usant de la faculté de sous-louer ou de rétrocéder, ne peut se permettre d'introduire dans la maison, des personnes d'un état prohibé, ou d'une profession qui ne serait point convenable à l'usage auquel la maison a toujours été destinée, ou qui pourrait y causer des dégradations; le propriétaire, dans ce cas, a le droit de s'y opposer. Un arrêt du parlement de Paris, du 17 août 1727, a jugé que non seulement un principal locataire ne pouvait pas sous-louer une maison qui avait toujours servi de maison bourgeoise, à des gens de marteau, mais encore, qu'il ne pouvait céder à un hôtelier le bail d'un hôtel décoré d'ornements.

Il en serait autrement si le principal locataire avait sous-loué à une personne d'une profession désagréable, mais qui n'exerçât pas cette profession dans le local sous-loué; dans ce cas, le sous-bail serait maintenu malgré le propriétaire, parce que c'est la profession, le commerce et non la personne qui sont prohibés: c'est ce qui a été jugé par sentence du présidial de Paris, du 15 novembre 1754, rapportée par Denisart, au mot *bail*, au sujet d'un artificier qui avait loué une maison dans Paris, où il n'exerçait pas son état et où il n'avait que des marques indicatives de son commerce, et qui prouvait qu'il avait un bail d'un terrain hors de la ville, pour son travail.

## SECTION II.

*Obligations réciproques du principal locataire et du sous-locataire l'un envers l'autre.*

Le principal locataire est tenu envers le sous-locataire, aux mêmes obligations aux.

quelles le propriétaire est tenu envers le locataire; et il a sur les meubles du sous-locataire, le même privilége que le propriétaire a sur les meubles du locataire (*voir* ci-dessus chap. I., *obligations du propriétaire*).

Le sous-locataire de son côté, est tenu envers le principal locataire aux mêmes obligations auxquelles le locataire est tenu envers le propriétaire (*voir* ci-dessus chap. II., *obligations du locataire*).

L'un et l'autre, pour les congés et la fin des baux, doivent se conformer aux règles établies ci-dessous au chap. IV des *congés*, et au chap. V *de la fin des baux*.

## SECTION III.

### *Obligations du sous-locataire envers le propriétaire.*

Le sous-locataire est obligé de remettre au propriétaire les lieux qui lui ont été loués par le principal locataire, lorsque le propriétaire a expulsé ce principal locataire, sauf son recours en dommages et intérêts contre ce principal locataire.

Si le principal locataire ne paye point le propriétaire, le sous-locataire est tenu envers le propriétaire jusqu'à la concurrence du prix de sa sous-location dont il peut être aussi débiteur, et ses meubles sont obligés à ce paiement. (*Code Napoléon, art.* 1753.)

Mais le propriétaire, sous le prétexte que le principal locataire doit la location entière, et que tous les meubles qui garnissent sa maison lui répondent du loyer, ne peut saisir les meubles du sous-locataire, pour au-delà de la somme qu'il doit au principal locataire pour la portion du loyer qu'il occupe. (*Arrêt de la Cour de cassation du 2 avril* 1806.)

Si le sous-locataire, après l'échéance du terme de paiement passé, affirme qu'il ne doit rien, qu'il a payé ce terme échu, sur son affirmation il sera déchargé du paiement envers le propriétaire, sans être tenu de justifier des quittances.

La voie la plus sûre que puisse prendre un propriétaire pour empêcher l'intelligence entre le principal locataire et le sous-locataire, c'est de faire saisir et arrêter dans les mains du sous-locataire ce qu'il peut devoir au principal locataire avant l'échéance du terme.

Si le sous-locataire alors allègue avoir payé d'avance, il sera obligé de payer une seconde fois, parce que les paiements anticipés qui ne tendent ordinairement qu'à frustrer les droits du propriétaire, sont prohibés par l'article 1753 du Code Napoléon, à moins qu'ils n'aient été faits en vertu d'une stipulation portée dans le bail, ou en conséquence d'un usage des lieux ; et alors ils ne sont plus considérés comme faits par anticipation.

## CHAPITRE IV.

### *Des congés.*

Le bail cesse de plein droit à l'expiration du terme fixé pour sa durée lorsqu'il a été fait par écrit, sans qu'il soit nécessaire de donner congé. (*Code Napoléon, art.* 1737.)

Si le bail n'est que verbal, et par conséquent n'a point de temps limité pour sa durée, l'une des deux parties qui l'ont contracté, qui veut le résilier, doit en avertir l'autre par un congé donné dans le délai fixé par l'usage des lieux. (*Code Napoléon, art.* 1736.)

Cet usage des lieux, auxquels on doit se conformer pour les congés, varie à l'infini ; ce sera d'après celui de la capitale, qui paraît le plus généralement suivi et dont les autres se rapprochent davantage, que nous présenterons l'examen des deux questions suivantes :

1° En quel temps le congé doit-il être donné ?

2° Comment le congé doit-il être donné ?

## SECTION PREMIÈRE.

*En quel temps le congé doit-il être donné?*

A Paris, l'intervalle qui doit exister entre le congé et le temps où doit sortir le locataire, est plus ou moins long, suivant le prix ou la nature des appartements.

Cet intervalle est,

De *six semaines*, pour un logement de 400 francs et au-dessous ;.

De *trois mois*, pour un logement au-dessus de 400 francs jusqu'à 1000 francs exclusivement.

De *six mois*, pour un logement au-dessus de 1000 francs, pour une maison entière, une boutique sur rue, et une maison de maître de pension.

Cet intervalle doit être complet ; s'il y manque seulement un jour, le congé donné ne produit plus son effet.

Le temps se compte de terme à terme.

Il y a quatre termes, qui commencent au premier janvier, au premier avril, au premier juillet, au premier octobre.

Ainsi, les congés de *six semaines*, pour les logements de 400 francs et au-dessous, doivent être donnés avant le 15, c'est à dire au plus tard le 14 des mois ou de février, ou de mai, ou d'août, ou de novembre; car si, par exemple, un tel congé n'était donné que le 15 au lieu du 14 février pour le premier avril, terme prochain, comme les six semaines ne seraient pas complettes, ce congé ne serait pas valable pour le premier avril, terme prochain; il ne vaudrait que pour le premier juillet, terme suivant.

Les congés de *trois mois*, pour les logements au-dessus de 400 francs jusqu'à 1000 francs exclusivement, doivent être donnés avant le premier des mois de janvier, avril, juillet, octobre, c'est-à-dire, au plus tard la veille; car si, par exemple, un tel congé était donné le premier janvier pour le premier avril, terme prochain, comme les trois mois ne seraient pas complets, ce congé ne serait pas valable pour le premier avril, terme prochain; il ne vaudrait que pour le premier juillet, terme suivant.

Les congés de *six mois*, pour les logements au-dessus de 1000 francs, maisons entières, boutiques sur rue, maisons de maître de pension, doivent être donnés comme ceux de trois mois avant le premier de chaque mois, qui comme le terme, c'est-à-dire, au plus tard la veille, de manière que les six mois se trouvent francs, car s'il y manquait seulement un jour, le congé donné pour le terme de six mois prochain, ne serait valable que pour le terme de six mois suivant. ( *Acte de Notoriété du Châtelet de Paris, du* 28 *mars* 1713. *Denisart, Bourjon, Ferrière.* )

## SECTION II.

### *Comment le congé doit-il être donné ?*

Le congé, lorsqu'une des parties s'y refuse, doit être signifié par le ministère d'un huissier, soit que le bail soit par écrit, soit qu'il soit verbal.

Si les parties sont d'accord entre elles, le congé peut être fait sous seing-privé ; dans ce cas, il doit être fait double sur papier timbré, parce que c'est un acte synallagmatique qui oblige deux parties, savoir : le propriétaire à reprendre son local et le locataire à le délaisser au jour fixé par l'usage des lieux.

Beaucoup de propriétaires et de locataires sont dans l'usage, les premiers de donner, les seconds de recevoir congé au bas de la dernière quittance, c'est une mauvaise habitude ; car outre que le locataire s'expose, s'il était obligé de produire sa quittance en justice, à payer une amende de 30 francs pour contravention à l'article 23 de la loi du 13 brumaire an 7, qui défend de mettre deux actes à la suite l'un de l'autre, sur la même feuille de papier, c'est que le propriétaire n'a aucun titre contre le locataire pour le faire sortir au jour fixé par le congé, tandis que le locataire entre les mains de qui reste la quittance au bas de laquelle est le congé, en a un contre le propriétaire, pour lui faire reprendre son local au jour indiqué, et qu'à ce moyen, si ce même locataire trouvait plus avantageux pour lui de payer deux termes pour prolonger sa jouissance, il pourrait refuser la représentation de la quittance, au bas de laquelle serait le congé, et rester malgré le propriétaire jusqu'à ce que ce dernier lui eût signifié, par huissier, un congé, et que les délais du congé fussent expirés.

La preuve par témoins n'est point admise en justice pour un congé; on s'en rapporte à l'affirmation de celui qui le nie.

Le congé doit être signifié au propriétaire ou à la personne fondée de ses pouvoirs ou chargée de l'administration de ses biens s'il est absent, ou à ses héritiers s'il est décédé. Mais si étant absent, il n'a laissé aucun fondé de pouvoirs, ou s'il n'a été établi aucune personne pour régir ses biens, ou si étant décédé, il n'a laissé aucun héritier, le congé doit être signifié à son dernier domicile, conformément à l'article 68 du Code de Procédure civile.

Si un bail est fait pour trois ou six, ou

neuf années, à la volonté réciproque des parties, à la charge dans le cas où l'une d'elles voudrait résilier à l'expiration ou des trois ou des six premières années, d'en avertir l'autre ou trois mois ou six mois d'avance, suivant ce qu'elles en sont convenues : il faut, pour l'avertissement, suivre les mêmes formalités que pour les congés.

## CHAPITRE V.

### *De la fin des baux.*

La fin du bail est l'époque où le propriétaire doit reprendre, et le locataire doit remettre le local que le premier avait cédé et dont le second avait joui pendant un certain temps, en vertu d'une convention soit écrite, soit verbale ; qui se trouve résolue par l'exécution qu'elle a reçue, si d'ailleurs cette convention n'est ou expressément ou tacitement renouvelée.

Pour prévenir les contestations qui s'élèvent assez souvent à cet instant entre les propriétaires et les locataires, nous allons examiner :

1° Ce que doit faire le propriétaire à la fin du bail ;

2° Ce que doit faire le locataire à la fin du bail ;

3° Comment peut s'opérer la continuation du bail.

## SECTION PREMIÈRE.

### *Ce que doit faire le propriétaire à la fin du bail.*

Tout propriétaire, un mois avant le déménagement de son locataire, doit en donner avis aux préposés à la recette des contributions, et se faire donner une reconnaissance de cet avertissement, qui lui sert de décharge de la taxe dudit locataire, sans quoi, il demeure garant et responsable du paiement des contributions de ce locataire. (*Arrêt du Conseil d'Etat, concernant la Capitation, du* 9 *juin* 1711.)

Comme dans plusieurs endroits l'usage est d'accorder à la fin du bail quelques jours de grâce pour faire les réparations et déménager, chaque propriétaire est obligé de se conformer chacun à l'usage de son pays.

A Paris, quoique le bail finisse toujours, d'après l'usage de cette ville, au premier d'un des quatre mois qui commencent les quatre termes, savoir : janvier, avril, juillet, octobre, cependant, par suite du même usage, le propriétaire ne peut exiger du locataire la remise des clefs et la sortie du local, que *le huit à midi*, quand le local est du prix de 400 francs et au-dessous ; et que *le quinze à midi*, quand le local est du prix au-dessus de 400 francs, ou que ce local est une maison entière, ou une boutique sur la rue, ou un logement de maître de pension. (*Acte de Notoriété du Châtelet de Paris, du* 28 *mars* 1713.)

Mais aussi, si le huit à midi ou le quinze à midi, suivant le prix ou la nature des habitations, à Paris et dans les autres villes, au jour et à l'heure fixés par l'usage des lieux, pour la sortie, le locataire n'a pas fait les réparations locatives, enlevé ses meubles et remis les clefs, le propriétaire peut faire constater ce retard par un procès-verbal dont les frais seront à la charge du locataire, et exiger que le locataire paye le terme qu'il est censé avoir commencé, faute d'avoir délaissé les lieux à temps; il peut aussi, si mieux lui convient, obtenir contre le locataire un jugement qui le condamne à quitter les lieux dans les vingt-quatre heures, sinon et à faute de ce faire, l'autorise à déposer ses meubles sur le carreau, et le condamne en outre à des dommages et intérêts et notamment à l'indemnité qu'un nouveau locataire aurait exigé de ce propriétaire, faute de n'avoir pu entrer au jour fixé, à cause du retard de sortie de l'ancien locataire, et aux dépens.

Le propriétaire qui au jour fixé pour la sortie du locataire, n'est pas payé de son loyer, peut s'opposer à l'enlèvement des meubles et effets du locataire, les faire saisir-gager et en faire ordonner le séquestre jusqu'à leur vente, afin de laisser le local libre au nouveau locataire entrant.

## SECTION II.

### *Ce que doit faire le locataire à la fin du bail.*

Dans le courant du terme qui précède la fin du bail, ou aussitôt après le congé signifié, soit de la part du propriétaire, soit de la part du locataire, le propriétaire ayant droit et intérêt de louer son local et pour ce, pouvant y mettre *écriteau*, le locataire est obligé de faire voir les lieux à toutes les personnes qui le demandent, et s'il s'y refuse et que son refus ait été la cause que le local n'ait point été loué, le propriétaire, après avoir fait constater ce refus par un procès-verbal ou par une enquête, peut le faire condamner à des dommages et intérêts; mais comme le locataire peut avoir des affaires qui l'empêchent d'être toujours à la maison, il doit dans ce cas s'entendre avec le propriétaire et lui indiquer les jours et les heures auxquels on pourra se présenter pour voir les lieux.

Avant de quitter les lieux, le locataire

doit payer les loyers dus, faire toutes les réparations locatives, acquitter ses impôts et justifier de leur quittance au propriétaire, s'il l'exige, conformément à l'arrêt du Conseil, du 9 juin 1711, sans cela, il s'expose à voir ses meubles arrêtés, saisis et séquestrés par le propriétaire, qui en a le droit.

Le locataire doit aussi avoir attention de faire la remise des clefs *avant midi*, ou le *huit* ou le *quinze*, selon le prix et la nature du local; car une fois cette heure, qui est de rigueur, sonnée, il est exposé à devenir responsable du prix du terme qui commence, ou susceptible de dommages et intérêts envers le propriétaire.

Lorsque le local, par son étendue, exige une longue reconnaissance de l'état des lieux et une longue vérification des réparations locatives, le locataire ne doit pas attendre au dernier instant pour faire faire l'une et l'autre au propriétaire, il doit se mettre en mesure pour qu'elles soient faites avant l'heure fatale; car s'il arrivait qu'elles ne fussent pas faites avant midi, le propriétaire pouvant refuser la remise des clefs, jusqu'à ce que cette reconnaissance et cette vérification soient faites, profitant de la circonstance, pourrait le rendre passible du terme commencé à midi ou de dommages et intérêts envers lui pour cause du retard occasionné par sa négligence, à moins que le locataire ne justifiât, soit par la preuve testimoniale, soit par une sommation, du refus ou de la négligence du propriétaire même à se rendre plutôt au domicile du locataire, à l'effet de procéder à cette reconnaissance et vérification.

Le locataire, en quittant les lieux et faisant la remise des clefs, pour se mettre à l'abri de toute action qui pourrait lui être intentée par le propriétaire, doit en tirer une décharge des réparations locatives et de cette remise de clefs, et une quittance générale ou *pour solde*, de tous les loyers.

S'il y a contestation entre le propriétaire et le locataire sur l'heure à laquelle la remise des clefs a été offerte et refusée, ou s'il y a méconnaissance de la part du propriétaire, et affirmation de la part du locataire, de cette remise de clefs, la preuve testimoniale est admise : à défaut de preuve dans ce cas, on s'en rapporte au serment du propriétaire, parce que c'était au locataire à faire constater le refus du propriétaire, ou à tirer une décharge de cette remise de clefs.

## SECTION III.

### *Comment peut s'opérer la continuation du bail.*

La continuation du bail peut s'opérer de deux manières, ou *expressément* ou *tacitement.*

Elle s'opère *expressément*, ou par un nouveau bail ou la continuation du bail précédent consenti, soit par écrit, soit verbalement entre le propriétaire et le locataire. Cette première manière ne peut présenter d'autres contestations que celles qui peuvent avoir lieu pour tous les baux ordinaires.

Elle s'opère *tacitement*, par une continuation de jouissance de la part du locataire à la fin du bail, soit écrit, soit verbal, sans qu'il y ait eu congé ni de sa part ni de celle du propriétaire, et sans qu'il y ait eu aucune réclamation de la part du propriétaire. Cette seconde manière que l'on nomme continuation tacite, ou, selon le langage des lois, *tacite reconduction*, peut donner lieu à plusieurs contestations.

La *tacite reconduction* n'a lieu, à proprement parler, que pour les baux écrits, puisque les baux faits verbalement n'ont de durée qu'autant qu'il plaît aux parties qui les ont contractés, de leur en donner, et que chacune d'elles a à chaque terme la liberté de donner congé, et que chaque terme recommencé est une espèce de *tacite reconduction.*

Mais lorsqu'à la fin d'un bail écrit, un locataire continue sa jouissance sans opposition de la part du propriétaire, ce qui donne lieu de supposer à tous deux l'intention de continuer le bail, s'il s'opère de droit entre eux une véritable *tacite reconduction*, qui est un nouvel engagement entièrement conforme au premier, quant aux conditions, mais différent quant à sa durée, car le premier engagement avait une durée fixe et déterminée par la volonté des parties, au lieu que ce second assimilé au bail verbal n'en a d'autre que celle que l'usage des lieux lui donne, puisqu'à chaque terme, le propriétaire, comme le locataire, peut le rompre par un congé donné dans le délai fixé par cet usage des lieux. (*Code Nap.*, *art.* 1738, 1759.)

Lorsqu'il y a un congé signifié par le propriétaire ou une sommation de sortir, le locataire ne peut plus invoquer la *tacite reconduction.* (*Idem*, *art.* 1739.)

Ainsi tout propriétaire qui jouit en vertu d'un bail écrit et qui veut empêcher la *tacite reconduction*, fait bien, au terme qui précède la fin du bail, de donner un congé ou de faire faire sommation de sortir à son locataire; cette sommation faite, même vingt-quatre heures avant l'époque de la sortie, suffit.

Une fois que l'heure de la sortie du locataire est sonnée et que le locataire qui n'a reçu du propriétaire ni congé ni commandement de sortir, n'est pas sorti, alors la *tacite reconduction* est commencée, le propriétaire ne peut plus l'expulser, et le locataire lui-même ne peut plus sortir qu'en donnant congé aux époques fixées par l'usage des lieux, pour les baux faits verbalement.

La caution donnée pour un bail écrit, cesse avec le bail, et ne s'étend point aux obligations résultantes de la prolongation de ce bail. (*Code Nap.*, *art.* 1740.)

# TROISIÈME PARTIE.

## DU BAIL A FERME.

Le bail à ferme est un contrat par lequel un propriétaire loue la jouissance d'héritages ruraux, tels que terres, prairies, vignes, bois, arbres à fruit, étang, moulins à eau ou à vent, etc., moyennant une certaine somme d'argent ou une certaine quantité de denrées.

Ce bail, comme le bail à loyer, peut être fait ou par écrit ou verbalement. (*Code Nap., art.* 1714.)

Il est assujéti aux mêmes formalités et lois du bail à loyer que nous avons rapportées précédemment, et que l'on doit lui appliquer, à l'exception de quelques unes qui se trouvent remplacées par d'autres qui lui sont particulières, et que l'on trouvera dans les chapitres suivants :

1° Des obligations particulières du propriétaire envers le fermier ;

2° Des obligations particulières du fermier envers le propriétaire ;

3° De la fin des baux à ferme ;

4° Du privilége du propriétaire sur les récoltes du fermier, et tout ce qui garnit la ferme.

## CHAPITRE PREMIER.

### *Obligations particulières du propriétaire envers le fermier.*

Les obligations particulières du propriétaire envers son fermier sont au nombre de trois :

1° Fournir au fermier la contenance du fonds loué ; (*Code Nap.*, *art.* 1719, 1765.)

2° Accorder une remise de prix au fermier, en cas de perte de la récolte par cas fortuits ; (*Idem*, *art.* 1769)

3° Indemniser le fermier expulsé en cas de vente. (*Idem*, *art.* 1744, 1745.)

## SECTION PREMIÈRE.

### *Obligation de fournir au fermier la contenance du fonds loué.*

Le propriétaire est tenu de fournir au fermier la contenance des fonds qu'il a déclarés lui louer par le bail, sous les modifications suivantes :

Si le bail est fait avec indication de la contenance à raison de tant la mesure, le propriétaire est obligé de délivrer au fermier, s'il l'exige, la quantité indiquée au bail.

Si la chose n'est pas possible ou si le fermier ne l'exige pas, le propriétaire est obligé de souffrir une diminution proportionnelle au prix. (*Code Napoléon*, *art.* 1617.)

Si la contenance à raison de tant la mesure, est plus grande que celle indiquée dans le bail, le fermier a le choix de fournir le supplément du prix ou de se désister du bail si l'excédent est d'un vingtième au dessus de la contenance déclarée. (*Code Napoléon*, *art.* 1618.)

Si le bail, soit d'un seul fonds limité, comme d'une pièce de terre, d'un bois, d'une vigne, etc., d'un seul morceau, soit de plusieurs fonds distincts et séparés, comme de plusieurs pièces de terre, de bois, de vignes, de prairies, etc., est fait avec indication de mesure moyennant un prix déterminé pour la totalité de l'objet et non fixé à tant la mesure, l'expression de cette mesure ne donne lieu à aucun supplément de prix en faveur du propriétaire pour l'excédent de mesure, ni en faveur du fermier, à aucune diminution du prix pour moindre mesure, qu'autant que la différence de la mesure réelle à celle exprimée au bail est d'un vingtième en plus ou en moins, eu égard à la totalité des objets loués, s'il n'y a pas de stipulation contraire. (*Idem*, *art.* 1619.)

Dans le cas où, suivant l'article précédent, il y a lieu à augmentation de prix pour excédent de mesure, le fermier a le droit ou de se désister du bail ou de fournir le supplément du prix. (*Code Napoléon*, *art.* 1620.)

Dans le cas où le fermier a droit de se désister du bail, le propriétaire est tenu de lui restituer, outre la somme qu'il aurait payée d'avance, les frais de culture, les engrais, fumiers et semences, ainsi que les frais du contrat. (*Code Napoléon, art.* 1621.)

L'action ou supplément de prix de la part du propriétaire et celle en diminution de prix ou en résiliation de contrat de la part du fermier, doivent être intentées dans l'année, à compter du jour où le bail a commencé, à peine de déchéance. (*Idem, art.* 1622.)

## SECTION II.

*Obligation d'accorder une remise du prix au fermier, en cas de perte de la récolte, par cas fortuits.*

Si le fermier perd sa récolte ou une portion, le propriétaire doit lui faire une remise suivant les deux distinctions qu'on va voir.

Si le bail est fait pour plusieurs années, et que, pendant la durée du bail la totalité ou la moitié d'une récolte au moins soit enlevée par des cas fortuits, le fermier peut demander une remise du prix de sa location, à moins qu'il ne soit indemnisé par les récoltes précédentes. (*Code Napoléon, art.* 1769.)

S'il n'est pas indemnisé, l'estimation de la remise ne peut avoir lieu qu'à la fin du bail, auquel temps il se fait une compensation de toutes les années de jouissance.

Et cependant le juge peut provisoirement dispenser le fermier de payer une partie du prix, en raison de la perte soufferte. (*Code Napoléon, art.* 1769.)

Si le bail n'est que d'une année, et que la perte soit de la totalité des fruits ou au moins de la moitié, le fermier est déchargé d'une partie proportionnelle du prix de sa location, (*Idem, art.* 1770.)

Mais si la perte est moindre de moitié, il ne pourra prétendre aucune remise. (*Idem, art.* 1770.)

Au surplus, que le bail soit ou pour plusieurs années ou pour une seule, le propriétaire n'est point tenu de la remise dans les trois cas suivants :

1°. Lorsque la perte des fruits arrive après qu'ils sont séparés de la terre, à moins que le bail ne donne au propriétaire une quotité de la récolte en nature, auquel cas le propriétaire doit supporter la part de la perte, pourvu que le fermier ne fut pas en demeure de lui délivrer sa portion de récolte. (*Idem, art.* 1771.)

2°. Lorsque la cause du dommage était existante et commencée à l'époque où le bail a été passé (*Idem.*), comme si le fonds était voisin d'une rivière sujette à de fréquens débordements, d'un bois, d'une forêt remplis de gibier qui dévaste, tous les ans, les grains, les fruits; d'une montagne dont les terres s'éboulent souvent, et endommagent les récoltes, etc., parce que la location aurait été faite en conséquence des risques que court le fermier.

3°. Lorsque le fermier s'est chargé des cas fortuits par une stipulation expresse. (*Code Napoléon, art.* 1772.)

Cette stipulation ne s'entend que des cas fortuits ordinaires, tels que feu du ciel, grêle, gelée ou coulure. (*Idem, art.* 1773.)

Elle ne s'entend point des cas fortuits extraordinaires, tels que les ravages de la guerre ou une innondation auxquels le pays n'est pas ordinairement sujet, à moins que le fermier n'ait été chargé de tous les cas fortuits prévus ou imprévus. *Idem, art.* 1773.)

Lorsque le fermier qui n'est point chargé de ces cas fortuits a éprouvé du dégât, et veut obtenir pour indemnité une diminution sur le prix de son bail, il faut qu'il fasse sur le champ constater ce dégât par un procès-verbal légal, sans quoi il ne lui en sera accordée aucune. (*Arrêt de la Cour de cassation, du 9 mai 1808.*)

## SECTION III.

### *Obligation d'indemniser le fermier expulsé en cas de vente.*

S'il a été convenu, lors du bail, qu'en cas de vente du fonds loué l'acquéreur pourrait expulser le fermier, et qu'il n'ait été fait aucune stipulation sur les dommages et intérêts, le propriétaire doit indemniser le fermier du tiers du prix du bail pour tout le temps qui reste à courir. (*Code Napoléon, art.* 1746.)

Si le propriétaire, et à son défaut le nouvel acquéreur, ne paye cette indemnité au fermier, celui-ci ne pourra être forcé de délaisser l'héritage qu'il ne soit payé. (*Idem, art.* 1749.)

Le nouvel acquéreur qui veut user de la faculté réservée par le bail, d'expulser le fermier, doit l'avertir au moins un an à l'avance. (*Idem, art.* 1748.)

## CHAPITRE II.

### *Obligations du fermier.*

Les obligations particulières du fermier sont :

1°. De laisser en entrant les logements nécessaires au fermier sortant pour finir sa récolte ; (*Code Napoléon, art.* 1777.)

2°. De garnir la ferme de bestiaux et d'ustensiles nécessaires à son exploitation; (*Code Napoléon*, *art.* 1766.)

3°. De bien cultiver les terres et selon l'usage auquel elles sont destinées ; (*Idem*, *art.* 1766.)

4°. D'engranger dans les lieux à ce destinés ; (*Idem*, *art.* 1767.)

5°. De ne pouvoir sous-louer, ni céder, s'il cultive avec le propriétaire, à condition de partage ; (*Idem*, *art.* 1763.)

6°. D'avertir le propriétaire, des usurpations commises sur le fonds ; (*Idem*, *art.* 1768.)

7o. De payer le propriétaire à l'époque et de la manière convenue dans le bail ; (*Idem*, *art.* 1728.)

8°. De faire les réparations locatives ; (*Idem*, *art.* 1754.)

## SECTION PREMIÈRE.

*Obligation de laisser en entrant les logements nécessaires au fermier sortant pour finir sa récolte.*

Le fermier, en entrant dans une ferme, doit procurer à celui qui sort, les logements convenables et autres facilités pour la consommation des fourrages et pour la récolte restant à faire, en se conformant, dans ce cas, à l'usage des lieux. ( *Code Napoléon, art.* 1777. )

Il doit, par la même raison, lui laisser l'usage des animaux et instruments aratoires qui servent à l'exploitation de la ferme, et qui font partie du bail, afin qu'il s'en aide pour terminer ses récoltes.

## SECTION II.

### *Obligation de garnir la ferme de bestiaux et ustensiles nécessaires à son exploitation.*

Pour l'espérance de la récolte et la sûreté du propriétaire, le fermier est tenu en entrant, de garnir la ferme de bestiaux et ustensiles nécessaires à son exploitation, et s'il ne le fait pas, le propriétaire peut demander la résiliation du bail et des dommages et intérêts. ( *Code Napoléon, art.* 1766. )

Il n'est dispensé de cette obligation que dans le cas où l'usage est que le propriétaire fournisse au fermier les bestiaux et instruments nécessaires aux travaux de la campagne ; alors le fermier doit, en entrant, les recevoir, d'après un état dressé entre lui et le propriétaire, parce qu'à la fin du bail, à défaut de cet état, le propriétaire est cru à son serment sur le nombre et la nature de ces objets. Dans ce cas l'usage est aussi d'assujétir le fermier à la remise de ces objets sous la contrainte par corps.

## SECTION III.

### *Obligation de bien cultiver les terres, et selon l'usage auxquelles elles sont destinées.*

Le fermier ne doit point laisser les terres incultes, il doit les cultiver par soles et saisons, suivant leur nature et l'usage des lieux, et avec les façons accoutumées. (*Code Napoléon, art.* 1766.)

Il ne doit les employer à un autre usage que celui auquel elles sont destinées. (*Idem, art.* 1766.)

Ainsi, il ne peut, sans le consentement du propriétaire, d'une prairie, d'une terre mise en luserne ou en sain-foin, d'une vigne, d'un bois, en faire une terre labourable, parce que ces changements faits aux fonds seraient un emploi contraire à l'usage auquel ils auraient été destinés par le propriétaire.

Il ne peut par son industrie augmenter le produit de la récolte au préjudice du fonds.

Il ne peut marner les terres, parce que cet engrais les dégrade et les appauvrit par la suite. ( *Bourjon, Denisart.* )

Si le fermier ne se conforme pas aux clauses de son bail, relatives à la culture du fonds, ou si par sa négligence à cultiver, ou sa mauvaise culture, il porte préjudice au propriétaire, celui-ci peut, suivant les circonstances, faire résilier le bail, et faire condamner le fermier à des dommages et intérêts. (*Code Napoléon*, *art.* 1766.)

Si le droit de chasse et de pêche a été loué au fermier, il doit dans sa jouissance se conformer aux lois et réglements concernant la chasse et la pêche, comme le propriétaire lui-même serait tenu de le faire.

## SECTION IV.

### *Obligation d'engranger dans les lieux à ce destinés.*

Pour la garantie du paiement du propriétaire, le fermier ne peut porter ailleurs que sur les fonds loués, sa récolte sur laquelle le propriétaire a un privilége ; il est tenu de l'engranger dans les lieux à ce destinés d'après le bail. (*Code Napoléon, art.* 1767.)

Ainsi un propriétaire est bien fondé, conformément aux articles 1767 et 2102 du Code Napoléon, à faire saisir la récolte d'un fermier qui serait engrangée dans un autre lieu que sur le fonds loué, pourvu que cette saisie fût faite dans le délai de quarante jours après l'engrangement.

## SECTION V.

*Obligation de ne pouvoir sous-louer ni céder, s'il cultive avec le propriétaire, à condition de partage.*

Le fermier peut sous-louer ou même céder le bail des héritages qu'il a loués, si cette faculté ne lui a été interdite dans le bail par le propriétaire. (*Code Nap.*, *art.* 1717.)

Mais s'il cultive sous la condition d'un partage de fruits avec le propriétaire, il ne peut ni sous-louer ni céder, si la faculté ne lui en a été expressément accordée par le bail. (*Idem*, *art.* 1763.)

En cas de contravention à l'article précédent, le propriétaire a le droit de faire résilier le bail pour reprendre sa jouissance, et peut faire condamner le fermier aux dommages et intérêts résultant de l'inexécution du bail. (*Idem*, *art.* 1764.)

La raison est que ce bail étant une espèce de société que le propriétaire a formé avec le fermier en qui il a eu confiance pour le soin et la culture de son fonds, il est contre les principes du contrat de société qu'un associé puisse être forcé de recevoir pour associé une personne qu'il n'a pas choisie.

## SECTION VI.

### *Obligation d'avertir le propriétaire, des usurpations commises sur le fonds.*

Le fermier est obligé, sous peine de tous dommages et intérêts, d'avertir le propriétaire, des usurpations qui peuvent être commises sur ses fonds, et cet avertissement doit être donné dans le même délai que celui qui est réglé en cas d'assignation, suivant la distance des lieux. (*Code Napoléon, art.* 1768.)

Le fermier doit aussi, sous les mêmes peines de dommages et intérêts, prévenir le propriétaire, des servitudes qu'un voisin voudrait établir sur les fonds loués.

Le fermier troublé dans sa jouissance, par suite d'action concernant la propriété du fonds, doit pareillement prévenir le propriétaire de ce trouble. (*Code Napoléon, art.* 1727.)

## SECTION VII.

### *Obligation de payer le propriétaire à l'époque, et de la manière convenues dans le bail.*

Le fermier est obligé de payer le propriétaire au temps convenu dans le bail; si le temps n'est pas fixé, le paiement doit se faire aux époques de paiements en usage dans le lieu.

Si le paiement est stipulé en grains, denrées, fruits, vins, huile, etc., le fermier est tenu de l'effectuer tel, sans pouvoir en changer la nature ni le faire en argent, d'après une estimation des objets, à moins que le propriétaire ne lui en eût laissé l'option; de même que le propriétaire ne peut contraindre le fermier qui s'est engagé par son bail, à payer en argent, à effectuer ce paiement en grains, denrées, fruits, vins, huile, etc., s'il ne s'est pas réservé par son bail, ce choix envers le fermier.

Dans le cas où le fermier est obligé par son bail, de payer en nature, si les objets qui doivent être la matière du paiement ne sont déterminés que par leur espèce, il n'est pas tenu, pour se libérer, de donner de la meilleure qualité, mais aussi il ne peut les offrir de la plus mauvaise. (*Code Nap.*, *art.* 1246.)

Le paiement, soit en argent, soit en nature, doit se faire au lieu indiqué par le bail, et si ce lieu n'est point désigné, il doit se faire au domicile du propriétaire, s'il demeure dans l'endroit où est situé l'héritage. (*Idem*, *art.* 1247.)

Si le propriétaire est éloigné de l'endroit où est situé l'héritage, il doit indiquer au fermier un lieu dans cet endroit où est situé l'héritage, afin que le fermier y effectue son paiement; autrement le fermier peut attendre qu'il viène le recevoir, n'étant pas obligé pour ce paiement, à un déplacement qui pourrait varier souvent et l'exposer à des dépenses considérables.

Les frais de paiement, soit en argent, soit en nature, au domicile du propriétaire, sont à la charge du fermier. (*Code Nap.*, *art.* 1248.)

Si le fermier est deux ans sans payer, le propriétaire a droit de demander la résiliation du bail, sans préjudice des poursuites à exercer pour son paiement. (*Pothier, Denisart, Ferrière, Bourjon.*)

Les sommes dues par le fermier au propriétaire pour fermages, se prescrivent par cinq ans après la cessation du bail. (*Code Nap.*, *art.* 2277.)

## SECTION VIII.

### *Obligations de faire les réparations locatives.*

Les réparations locatives que doit faire le fermier aux bâtiments servant à son logement et à l'exploitation des biens ruraux, sont les mêmes que celles auxquelles sont assujétis les locataires de maisons ; celles ui sont particulières aux fermiers, sont :

L'entretien des haies vives, des fossés, des échalas des vignes ;

Le remplacement des arbres, des ceps de vignes qui périssent ;

L'entretien dans les pressoirs à cidre, à vin, des couperets, sebilles, sceaux et autres ustensiles ;

L'entretien dans les moulins à eau, à vent, de tous les tournants, travaillants, volants, cabestants, meubles, harnois et ustensiles, dont on fait estimation avant l'entrée en jouissance du fermier, et que l'on fait de nouveau avant sa sortie, parce que si cette dernière est plus forte que la première, le propriétaire rembourse le fermier du surplus ; si au contraire, la dernière est plus faible que la première, c'est le fermier qui rembourse le propriétaire. ( *Desgodets.* )

Les entretiens locatifs des logements ou édifices des moulins, tant sur terre que sur bateaux, sont les mêmes que ceux des maisons. ( *Desgodets.* )

S'il arrive aux moulins sur bateaux, sur terre et à vent, quelques dégâts considérables par la faute du fermier, c'est à lui à en faire les réparations ; mais si ces dégâts sont causés par une force majeure ou un cas fortuit, les réparations sont à la charge du propriétaire, après toutefois que le fermier aura fait constater la cause de l'accident.

## CHAPITRE III.

### *De la fin des baux à ferme.*

Les règles particulières aux baux à ferme, à leur expiration, vont être présentées dans les trois questions suivantes :

1° Comment finit le bail à ferme ?

2° Comment se continue le bail à ferme ?

3° Que doit faire le fermier à la fin du bail ?

## SECTION PREMIÈRE.

### *Comment finit le bail à ferme ?*

Le bail à ferme, comme le bail à loyer, ne finit pas par la mort du propriétaire ni par celle du fermier, mais par l'expiration du temps pour lequel il est fait, ou censé fait.

Si le bail est écrit, il cesse de plein droit à l'expiration du temps fixé, sans qu'il soit nécessaire de donner congé. ( *Code Nap.*, *art.* 1737. )

Si le bail est sans écrit, il cesse de plein droit à l'expiration du temps pour lequel il est censé fait. ( *Idem, art.* 1775. )

Le bail d'un fonds rural est censé fait

pour le temps qui est nécessaire, afin que le fermier recueille tous les fruits de l'héritage affermé.

Ainsi, le bail à ferme d'un pré, d'une vigne et de tout autre fonds dont les fruits se recueillent en entier dans le cours de l'année, est censé fait pour un an.

Le bail des terres labourables, lorsqu'elles se divisent par soles ou saisons, est censé fait pour autant d'années qu'il y a de soles. (*Code Nap., art.* 1774.)

Le bail à ferme verbal est, comme on le voit, bien différent du bail à loyer verbal, puisque le bail à loyer dure tant que l'une des parties ne donne pas congé à l'autre; au lieu que le bail à ferme cesse de plein droit sans congé à l'expiration du temps pour lequel il est censé fait.

Un arrêt de la Cour d'appel de Lyon, du 4 septembre 1806, confirmatif d'un jugement du tribunal de première instance de la même ville, a jugé conformément à ces principes, dans l'espèce suivante: Jean Chavel jouissait à titre de bail verbal d'une pièce de vigne, un nouveau fermier se présente pour en prendre possession; Chavel soutient qu'il ne peut être évincé, qu'il n'ait reçu un congé en temps utile; de son côté le propriétaire allègue, que d'après les articles 1774 et 1775 du Code Napoléon, le bail verbal d'héritage n'est point assujéti au congé comme le bail des maisons, et qu'il cesse de plein droit à l'expiration du temps pour lequel il est censé fait: Chavel est condamné à délaisser la pièce de vigne.

Le bail à ferme finit par la résiliation prononcée en justice sur la demande ou du propriétaire ou du fermier, quand l'un des deux ne remplit pas les obligations auxquelles il s'est engagé envers l'autre. (*Code Nap.*, *art.* 1741.)

La résiliation du bail pour cause d'inexécution des engagements de la part du propriétaire ou du fermier, donne droit à des dommages et intérêts à celui qui la réclame, et l'obtient. (*Idem*, *art.* 1760.)

Le bail à ferme finit encore par la perte de la chose louée, par cas fortuit ou force majeure; alors il n'y a lieu à aucuns dommages et intérêts. (*Idem*, *art.* 1722.)

## SECTION II.

### *Comment se continue le bail à ferme?*

Si à l'expiration d'un bail à ferme écrit, le fermier reste et est laissé en possession, il s'opère tacitement un nouveau bail dont l'effet est de durer, comme le bail verbal, le temps nécessaire afin que le fermier recueille tous les fruits de l'héritage affermé. ( *Code Nap., art.* 1774, 1776.)

Cette continuation tacite de bail à ferme forme, comme dans le bail à loyer, ce qu'on appelle *tacite reconduction.*

La caution du bail écrit cesse avec le bail, elle ne s'étend point à la continuation du bail tacite.

Il en est de même de la contrainte par corps stipulée contre le fermier dans le bail écrit, elle ne peut avoir lieu contre lui, en exécution du bail tacite.

## SECTION III.

### *Que doit faire le fermier à la fin du bail?*

Le fermier sortant doit laisser à celui qui lui succède dans la culture, les logements convenables et autres facilités pour les travaux de l'année suivante, en se conformant sur cela à l'usage des lieux. (*Code Nap., art.* 1777.)

Il doit aussi laisser les pailles et engrais de l'année, s'il les a reçus lors de son entrée en jouissance et quand même il ne les aurait pas reçus; le propriétaire peut les retenir suivant l'estimation. ( *Idem, art.* 1778.)

Dans les lieux où l'usage est que le propriétaire fournisse des instruments aratoires et ustensiles nécessaires aux travaux de la campagne, le fermier est tenu de les rendre dans l'état où il les a reçus; quand il n'y a point d'état dressé, le propriétaire en est cru à son serment.

Si le fermier est fermier ou colon *partiaire*, il est tenu, sous la contrainte par corps, de représenter les bestiaux, instruments aratoires et semences qui lui ont été confiés, à moins qu'il ne justifie que le déficit de ces objets ne procède point de son fait. (*Code Nap.*, *art.* 2062.)

Il doit laisser sur le fonds, les arbres, les vignes, les haies, qu'il y a plantés;

Il doit remplacer les arbres, les vignes, les haies, qui sont morts;

Il doit laisser les vignes garnies de leurs échalas.

Un arrêt du parlement de Paris, du 11 juin 1762, rapporté par Denisart au mot *Bail*, a jugé qu'un vigneron à qui on avait loué verbalement un terrain vague pour quinze ans, à condition de le mettre en valeur, ne pouvait à l'expiration de son bail, emporter les échalas de la vigne qu'il avait plantée sur ce terrain.

## CHAPITRE IV.

### *Du privilége du propriétaire, sur les récoltes du fermier et tout ce qui garnit la ferme.*

Le propriétaire a un privilége pour le paiement des fermages échus et à échoir, s'il a un bail pardevant notaire ou sous seing-privé, enregistré, et si son bail n'est que sous seing-privé non enregistré ou seulement verbal, pour une année, à partir de l'expiration de l'année courante.

1° Sur le prix des fruits de la récolte de l'année;

2° Sur le prix de tout ce qui sert à l'exploitation de la ferme;

3° Sur le prix des meubles qui garnissent l'habitation du fermier.

Le même privilége a lieu pour les réparations locatives et pour tout ce qui concerne l'exécution du bail. (*Code Nap., art.* 2102.)

## SECTION PREMIÈRE.

### *Privilége sur le prix des fruits de la récolte de l'année.*

Le propriétaire à qui le fermier doit, soit qu'il y ait bail, soit qu'il n'y en ait point, peut, un jour après commandement de payer, et sans permission du juge, dans les six semaines qui précèdent l'époque ordinaire de la maturité des fruits, faire saisir-gager les fruits tenants par racines ou pendants aux arbres sur les terres qu'il a louées à ce fermier, quand même celui-ci les aurait sous-louées. (*Code de Procéd. civ., art.* 626, 819.)

Il peut aussi faire saisir-gager les récoltes étant dans les bâtiments du fermier. (*Idem, art.* 819.)

Il peut de même, en vertu d'une ordonnance du président du tribunal de première instance, faire saisir-gager les récoltes que le fermier aurait engrangées ailleurs que dans les bâtiments de l'héritage loué, ou aurait déplacées de ces mêmes bâtiments, pourvu que la saisie en soit faite dans les quarante jours ou de l'engrangement ou du déplacement. (*Code Nap., art* 2102, *Code de Procéd. civ., art.* 826.)

Huit jours après la signification des saisies ci-dessus faites, déclarées valables, le propriétaire peut faire procéder à la vente, pour, sur le prix de ladite vente, être payé en privilége. (*Code de Procéd. civ., art.* 613, 824.)

S'il est dû des sommes pour les semences, ou pour les frais de la récolte de l'année, elles seront payées sur le prix de ladite récolte par préférence au propriétaire. (*Code Nap., art.* 2102.)

Le privilége que la loi accorde pour les frais de la récolte, s'applique à l'ouvrier qui a été mis en ouvrage par le fermier, il peut l'exercer contre le propriétaire. (*Arrêt de la Cour de cassation, du* 24 *juin* 1807.)

## SECTION II.

### *Privilége sur le prix de tout ce qui sert à l'exploitation de la ferme.*

Le propriétaire à qui le fermier doit, peut aussi faire saisir et vendre les bestiaux, instruments et ustensiles aratoires servant à l'exploitation de la ferme, sur le prix desquels la loi lui accorde le même privilége que sur le prix des récoltes, avec cette restriction, que les sommes dues pour fournitures de ces objets, sont payées par préférence, sur le prix de la vente de ces mêmes objets. (*Code Nap., art.* 2102.)

## SECTION III.

### *Privilége sur le prix des meubles qui garnissent l'habitation du fermier.*

Le propriétaire à qui le fermier doit, peut encore faire saisir et vendre les meubles et effets du fermier, qui garnissent sa ferme, ainsi que ceux que ce fermier a déplacés, en se conformant à ce que la loi exige pour la révendication; et il a sur le prix de ces objets, le même privilége que sur le prix des récoltes. (*Code Nap.*, *art.* 2102.)

Mais il ne peut exercer ce privilége sur les meubles qui garnissent l'habitation du sous-fermier, qu'autant que cette habitation fait partie de la ferme, car si l'habitation du sous-fermier était étrangère à la ferme, ce privilége sur les meubles appartiendrait au propriétaire de l'habitation de ce sous-fermier.

# QUATRIÈME PARTIE.

## DU BAIL A CHEPTEL.

Le bail à cheptel est un contrat par lequel l'une des parties donne à l'autre un fonds de bétail pour le garder, le nourrir et le soigner, sous les conditions convenues entre elles. (*Code Nap.*, *art.* 1800.)

On peut donner à cheptel toute espèce d'animaux susceptibles de croît ou de profit, pour l'agriculture ou le commerce. (*Idem*, *art*, 1802.)

Les conditions du bail à cheptel, varient suivant l'espèce de cheptel.

On distingue cinq sortes de cheptel, qui seront la matière des cinq chapitres suivants :

1° Le cheptel simple ou ordinaire;

2° Le cheptel à moitié ;

3° Le cheptel donné au fermier ;

4° Le cheptel donné au colon partiaire;

5° Le cheptel, improprement appelé *cheptel.*

## CHAPITRE PREMIER.

### *Du cheptel simple ou ordinaire.*

Le bail à cheptel simple est un contrat par lequel on donne à un autre des bestiaux à garder, nourrir et soigner, à condition que le preneur profitera de la moitié du croît et qu'il s'upportera aussi la moitié de la perte. ( *Code Nap.*, *art.* 1804. )

L'estimation donnée au cheptel dans le bail, n'en transporte pas la propriété au preneur; elle n'a d'autre objet que de fixer la perte ou le profit qui pourra se trouver à l'expiration du bail. ( *Idem*, *art.* 1805.)

Nous allons examiner dans les cinq sections suivantes ;

1° Quelle est la durée de ce bail ;

2° Quelles sont les obligations du bailleur;

3° Quelles sont les obligations du preneur;

4° Comment se partagent les profits;

5° Comment se supportent les pertes.

## SECTION PREMIÈRE.

### *Quelle est la durée de ce bail.*

La durée du bail à cheptel n'a point de limites, les parties contractantes peuvent stipuler cette durée pour le temps qu'il leur plaît.

Si dans la convention le temps de la durée du bail n'a point été fixé, ce bail, d'après l'article 1815 du Code Napoléon, est censé fait pour trois ans.

Si pendant la durée du bail, le preneur ne remplit pas ses obligations, le bailleur peut demander la résolution de ce bail. (*Code Nap., art.* 1806.)

## SECTION II.

### *Quelles sont les obligations du bailleur.*

Le bailleur est obligé de fournir au preneur le nombre de bêtes dont il est convenu par le bail.

Dès que la fourniture en est faite au preneur, il ne peut plus disposer d'aucune bête du troupeau, soit du fonds, soit du croît, sans le consentement du preneur. (*Code Nap.*, *art.* 1812.)

Si c'est à un autre fermier que le sien que le bailleur a donné le cheptel, il doit notifier son bail au propriétaire de ce fermier, sans quoi ce propriétaire pourrait faire saisir et vendre le troupeau donné à cheptel, dans le cas où ce fermier deviendrait débiteur pour le prix de sa ferme. (*Idem*, *art.* 1813.)

## SECTION III.

### *Quelles sont les obligations du preneur.*

Le preneur doit les soins d'un bon père de famille à la conservation du cheptel. (*Code Nap.*, *art.* 1806.)

Il ne peut disposer d'aucune bête du troupeau, soit du fonds, soit du croît, sans le consentement du bailleur. (*Idem*, *art.* 1812.)

Il ne peut tondre sans en prévenir le bailleur, afin que celui-ci prène sa part de la tonte, à laquelle il a droit. (*Idem*, *art.* 1814.)

## SECTION IV.

### *Comment se partagent les profits.*

Le preneur profite seul des laitages, du fumier et du travail des animaux donnés à cheptel. (*Code Nap.*, *art.* 1811.)

La laine et le croît se partagent (*Idem.*)

A la fin du bail, ou lors de sa résolution, il se fait une nouvelle estimation.

Le bailleur peut prélever des bêtes de chaque espèce, jusqu'à concurrence de la première estimation; l'excédent se partage. (*Code Nap., art.* 1817.)

Sur cet excédent le bailleur ne peut rien prélever de plus que le preneur. L'article 1811 du Code Napoléon défend même de stipuler dans le bail ce prélèvement, et prononce la nullité d'une semblable convention.

S'il n'existe pas assez de bêtes, pour remplir la première estimation, le bailleur alors prend ce qui reste. (*Idem, art.* 1817.)

## SECTION V.

### *Comment se supportent les pertes.*

La perte est supportée ou par le preneur, ou par le bailleur, ou par tous les deux.

La perte, soit totale, soit partielle, est supportée par le preneur seul, lorsqu'elle est arrivée par sa faute, ou par cas fortuit précédé de quelque faute de sa part, sans laquelle cette perte ne serait pas arrivée. (*Code Nap., art.* 1807.)

Dans ce cas, il faut que le bailleur ait prouvé la faute du preneur. (*Idem, art.* 1808.)

L'article 1811 du Code Napoléon, défend de stipuler dans le bail, que le preneur supportera la perte totale du cheptel, quoiqu'arrivée par cas fortuit et sans sa faute, et prononce la nullité d'une semblable convention.

La perte est supportée par le bailleur, lorsqu'elle est de tout le troupeau, et qu'elle est arrivée sans la faute du preneur. (*Code Nap.*, *art.* 1810.)

Le preneur est tenu, en cas de contestation, à prouver le cas fortuit qui a opéré cette perte totale du troupeau. (*Idem, art.* 1808.)

Le preneur qui est déchargé par le cas fortuit de la perte du troupeau, est toujours tenu de rendre compte des peaux des bêtes. (*Idem*, *art.* 1809.)

Enfin la perte est supportée par tous les deux en commun, lorsqu'il ne périt qu'une partie du troupeau sans la faute du preneur, et elle l'est d'après le prix de l'estimation originaire, et celui de l'estimation à l'expiration du cheptel. (*Idem*, *art.* 1810.)

Ainsi, à l'expiration du bail, s'il ne reste pas assez de bêtes pour remplir la première estimation, le bailleur prend ce qui reste, et les parties se font raison de la perte. (*Idem*, *art.* 1817.)

L'article 1811 du Code Napoléon défend encore de stipuler dans le bail, que le preneur supportera dans la perte, une part plus grande que dans le profit, et prononce la nullité d'une semblable convention.

## CHAPITRE II.

### *Du cheptel à moitié.*

Le cheptel à moitié est une société dans laquelle chacun des contractants fournit la moitié des bestiaux, qui demeurent communs pour le profit ou pour la perte. ( *Code Nap.*, *art.* 1818. )

Le preneur profite seul, comme dans le cheptel simple, des laitages, du fumier et des travaux des bêtes.

Le bailleur n'a droit qu'à la moitié des laines et du croît.

Toute convention contraire est nulle, à moins que le bailleur ne soit propriétaire de la métairie dont le preneur est fermier ou colon partiaire. ( *Idem*, *art.* 1819. )

Toutes les autres règles du cheptel simple s'appliquent au cheptel à moitié. ( *Idem*, *art.* 1820. )

## CHAPITRE III.

### *Du cheptel donné au fermier.*

Ce cheptel ( aussi appelé *cheptel de fer* ) est celui par lequel le propriétaire d'une métairie la donne à ferme, à la charge qu'à l'expiration du bail, le fermier laissera des bestiaux d'une valeur égale au prix de l'estimation de ceux qu'il aura reçus. (*Code Nap.*, *art.* 1821.)

L'estimation du cheptel donné au fermier ne lui en transfère pas la propriété, mais néanmoins le met à ses risques. (*Idem*, *art.* 1822.)

Tous les profits appartiennent au fermier pendant la durée de son bail, s'il n'y a convention contraire. (*Idem*, *art.* 1823.)

Dans les cheptels donnés au fermier, le fumier n'est point dans les profits personnels des preneurs; mais appartient à la métairie, à l'exploitation de laquelle il doit être uniquement employé. (*Idem*, *art.* 1824.)

La perte, même totale et par cas fortuit, est en entier pour le fermier, s'il n'y a convention contraire. (*Idem*, *art.* 1825.)

A la fin du bail le fermier ne peut retenir le cheptel en payant l'estimation originaire; il doit en laisser un de valeur pareille à celui qu'il a reçu. S'il y a du déficit, il doit le payer, et c'est seulement l'excédent qui lui appartient. (*Idem*, *art.* 1826.)

## CHAPITRE IV.

### *Du cheptel donné au colon partiaire.*

Ce cheptel est celui donné par un propriétaire de métairie, au colon partiaire, à la charge de partager avec lui, tous les profits en général, comme il partage ceux de la terre.

Si le cheptel périt en entier sans la faute du colon, la perte est pour le bailleur. (*Code Nap.*, *art.* 1827.)

On peut stipuler que le colon délaissera au bailleur sa part de la toison à un prix inférieur à la valeur ordinaire ;

Que le bailleur aura une plus grande part de profit ;

Qu'il aura la moitié des laitages ;

Mais on ne peut pas stipuler que le colon sera tenu de toute la perte. (*Idem*, *art.* 1828.)

Ce cheptel finit avec le bail à métairie. (*Idem*, *art.* 1829.)

Il est d'ailleurs soumis à toutes les règles du cheptel simple. (*Idem*, *art.* 1830.)

## CHAPITRE V.

### *Du cheptel, improprement appelé* cheptel.

Ce cheptel est celui qui a lieu d'une ou plusieurs vaches données pour les loger et les nourrir. (*Code Nap.*, *art.* 1831.)

Le bailleur en conserve la propriété. (*Id.*)

Il a seulement le profit des veaux qui naissent. ( *Idem.* )

Les laitages, les fumiers sont le profit du preneur.

# CINQUIÈME PARTIE.

## DES BAUX DE LONGUE DURÉE.

On appelle baux de longue durée, ceux qui sont faits pour un temps plus long que l'espace de neuf ans. Ces baux ne peuvent être faits par ceux qui n'ont pas le droit de disposer des biens par aliénation, tels que les maris administrateurs des biens de leur femme, les femmes sous puissance de mari, les tuteurs des mineurs et interdits, les mineurs émancipés.

On distingue deux sortes de baux de longue durée;

1° Le bail à vie;

2° Le bail emphythéotique.

Ces deux sortes de baux seront la matière de deux chapitres auxquels nous en ajouterons un troisième, dans lequel nous traiterons du *Droit d'habitation.*

# CHAPITRE PREMIER.

## *Du bail à vie.*

Le bail à vie est celui par lequel un propriétaire cède la jouissance d'une maison ou d'un bien rural, pour la vie d'une personne, après la mort de laquelle cette jouissance retourne à ce propriétaire ou à ses héritiers.

Ce bail, dont la durée est incertaine, peut même s'étendre à la vie de la femme, des enfants et petits-enfants du preneur, si les parties en conviènent.

Comme ce bail ne transfère point la propriété, mais seulement l'usufruit de l'objet, puisque c'est au nom du propriétaire que le preneur jouit, il se règle par les lois concernant les usufruitiers, que nous allons examiner dans les quatre sections suivantes :

1° Obligations du bailleur à vie ;
2° Droit du preneur à vie;
3° Obligation du preneur à vie ;
4° De la fin du bail à vie.

## SECTION PREMIÈRE.

### *Obligations du bailleur à vie.*

Le bailleur à vie est tenu, comme le bailleur dans les autres baux, de livrer au preneur la chose convenue, de lui fournir la contenance annoncée, de le garantir de tous troubles et évictions, et de faire les grosses réparations.

## SECTION II.

### *Droit du preneur à vie.*

Le preneur à vie a le droit de jouir de la chose qui lui est louée et de tous ses accessoires, d'en recueillir tous les produits comme le propriétaire lui-même, mais à la charge d'en conserver la substance. (*Code Nap.*, *art.* 578, 582.)

Si le bail à vie comprend des choses qui, sans se consumer de suite, se détériorent peu à peu par l'usage, le preneur a le droit de s'en servir pour l'usage auquel elles sont destinées, et n'est obligé de les rendre à la fin du bail, que dans l'état où elles se trouvent non-détériorées par son dol ou par sa faute. (*Idem*, *art.* 589.)

Si le bail comprend des bois taillis, le preneur est tenu d'observer l'ordre et la quotité des coupes, conformément à l'aménagement ou à l'usage constant des propriétaires, sans indemnité toutefois, en faveur de ses héritiers, pour les coupes ordinaires, soit de taillis, soit de baliveaux, soit de futaie, qu'il n'aurait pas faites pendant sa jouissance. (*Idem*, *art.* 590.)

Les arbres qu'on peut tirer d'une pépinière sans la dégrader, font aussi partie de la jouissance du preneur, à la charge par lui de les remplacer, conformément à l'usage des lieux. (*Code Nap.*, *art.* 590.)

Le preneur profite encore, toujours en se conformant aux époques et à l'usage des anciens propriétaires, des parties de bois de haute futaie qui ont été mises en coupes réglées, soit que ces coupes se fassent périodiquement sur une certaine étendue de terrain, soit qu'elles se fassent d'une certaine quantité d'arbres pris indistinctement sur toute la surface du domaine. (*Idem*, *art.* 591.)

Dans tous les autres cas, le preneur ne peut toucher aux arbres de haute futaie; il peut seulement employer, pour faire les réparations dont il est tenu, les arbres arrachés ou brisés par accident; il peut même pour cet objet, en faire abattre s'il est nécessaire, mais à la charge d'en faire constater la nécessité avec le propriétaire. (*Idem*, *art.* 592.)

Il peut prendre dans les bois, des échalas pour les vignes; il peut aussi prendre sur les arbres, des produits annuels ou périodiques, le tout suivant l'usage du pays ou la coutume des propriétaires. (*Idem*, *art.* 593.)

Les arbres fruitiers qui meurent, ceux mêmes qui sont arrachés ou brisés par accident lui appartiènent, à la charge de les remplacer par d'autres. (*Code Nap.*, *art.* 594.)

Il jouit de l'augmentation survenue par alluvion à l'objet dont il a la jouissance. (*Idem*, *art.* 596.)

Il jouit des droits de servitude, de passage, et généralement de tous les droits dont le propriétaire peut jouir. (*Idem*, *art.* 597.)

Il jouit aussi, de la même manière que le propriétaire, des mines, carrières et tourbières qui étaient en exploitation à l'époque où le bail a été fait; mais il n'a aucun droit à celles dont l'exploitation n'est point encore commencée; il n'a non plus aucun droit au trésor qui pourrait être découvert pendant la durée du bail. (*Idem*, *art.* 598.)

Le propriétaire ne peut, par son fait, ni de quelque manière que ce soit, nuire aux droits du preneur. (*Idem*, *art.* 599.)

Le preneur peut bien, si la faculté ne lui en a pas été interdite par le bail, sous-louer la totalité ou partie de la chose dont il a la jouissance, mais comme cette jouissance est limitée à la durée de sa vie, le bail qu'il pourrait faire, doit être assujéti aux mêmes limites; car aussitôt après son décès, le propriétaire reprenant la jouissance de la chose cédée jusqu'à cette époque, ne serait pas tenu au maintien du bail que le preneur aurait fait.

## SECTION III.

### *Obligations du preneur à vie.*

Le preneur doit, comme le propriétaire, jouir de la chose en bon père de famille, ne rien faire qui puisse lui nuire ni la détériorer; il doit l'entretenir en bon état; il doit en outre remplir toutes les obligations qu'il a contractées dans son bail. L'abus qu'il ferait de sa jouissance, et le défaut d'exécution de ses engagements, donneraient lieu au propriétaire à une demande en résiliation et à des dommages et intérêts.

Le défaut de paiement pendant trois années, donne aussi lieu au propriétaire, à une demande en résiliation de bail, sans préjudice des poursuites qu'il a droit d'exercer, tant sur les récoltes que sur les meubles et effets du preneur.

Le preneur est tenu aux réparations d'entretien, et le propriétaire aux grosses réparations; mais si les grosses réparations étaient occasionnées par le défaut d'entretien depuis la jouissance du preneur, ce dernier en serait chargé. ( *Code Nap. art.* 605. )

Les réparations d'entretien auxquelles le

preneur à vie est tenu, sont toutes celles autres que les gros murs, les voûtes, les murs de soutenement et de clôture aussi en entier. (*Code Nap.*, *art.* 606.)

Si, pendant la durée du bail, un tiers commet quelqu'usurpation sur le fonds, ou attente autrement aux droits du propriétaire, le preneur est tenu de le dénoncer au propriétaire; faute de ce, il est responsable de tout le dommage qui peut en résulter, comme il le serait des dégradations commises par lui-même. (*Idem*, *art.* 614.)

## SECTION IV.

### *De la fin du bail à vie.*

. Le bail à vie finit par la mort naturelle ou la mort civile du preneur.

Il finit aussi par la résiliation obtenue, soit sur la demande du propriétaire, soit sur celle du preneur, pour cause d'inexécution des conventions de la part de l'un ou de l'autre.

Il finit encore par la perte totale de la chose.

La vente, de la part du propriétaire, de la chose donnée à bail à vie, ne fait aucun changement dans le droit du preneur; l'acquéreur est tenu de maintenir la jouissance de ce preneur.

A la fin du bail à vie, les héritiers du preneur sont tenus de remettre les choses dans l'état que celui-ci les a reçues, sauf ce qui a péri par vétusté ou usage, de réparer les dégradations et de faire les réparations convenables.

Les baux que le preneur a faits pendant sa vie, cessent à sa mort, comme nous l'avons déjà dit à l'égard du propriétaire qui ne succède point à ses droits; mais ils ne cessent point à l'égard des héritiers du preneur qui succèdent à ses droits, et les personnes à qui il a sous-loué, sans faire connaître sa qualité de preneur à vie, expulsées par le propriétaire, peuvent avoir recours, pour dommages et intérêts, contre ces mêmes héritiers.

## CHAPITRE II.

### *Du bail emphytéotique.*

Le bail emphithéotique est un contrat par lequel un propriétaire cède la jouissance d'un héritage, à la charge de le cultiver et améliorer, ou d'un fonds, à la charge d'y bâtir, ou d'une maison, à la charge de la reconstruire, et ce, moyennant un certain prix en argent ou une certaine rétribution en grains ou denrées, à payer chaque année par le preneur, et moyennant aussi en outre quelquefois une somme d'argent à payer au commencement de l'entrée en jouissance, sous la condition que le temps stipulé dans le contrat étant expiré, la jouissance de l'héritage ou du fonds ou de la maison, retournera au propriétaire bailleur, à titre d'emphythéose, ou à ses héritiers.

Ce bail se fait pour le nombre d'années que les parties jugent à propos ; mais le terme de quatre vingt-dix-neuf ans est le plus long: il ne peut l'excéder.

Ce bail a aussi des règles particulières que l'on trouvera dans les quatre sections suivantes :

1° Obligations du bailleur à bail emphytéotique :

2° Droits du preneur à bail emphytéotique ;

3° Obligations du preneur à bail emphytéotique ;

4° De la fin du bail emphytéotique.

## SECTION PREMIÈRE.

### *Obligations du bailleur à bail empythéotique.*

L'OBLIGATION du bailleur consiste, comme dans les autres baux, à livrer au preneur la totalité de la chose convenue et à lui garantir sa jouissance pendant tout le cours du bail.

Comme ce bail est une espèce d'aliénation de la propriété utile, en la personne du preneur, à la charge de construction, de réédification, d'amélioration, le bailleur n'est tenu à aucunes espèces de réparations.

## SECTION II.

### *Droits du preneur à bail emphytéotique.*

Le preneur peut, en vertu de ce bail, louer, échanger, donner, vendre, hypothéquer, l'objet qui lui a été concédé, jusqu'à l'expiration du temps de la concession.

Il a droit de jouir de la chose et de tous ses accessoires, comme le propriétaire lui-même et d'en tirer tous les fruits et produits, pourvu que cette jouissance ait lieu sans détérioration ou dégradation (*Denisart, Ferrière.*)

## SECTION III.

### *Obligations du preneur à bail emphytéotique.*

Le preneur doit remplir exactement les engagements qu'il a contractés avec le bailleur; aussi, s'il s'est engagé à faire construire sur le fonds, ou à réédifier ou réparer des bâtiments, dans un certain temps, et qu'il ne remplisse point cet engagement, le bailleur peut l'y contraindre et le faire condamner à déguerpir, et dans ce cas, à lui payer des dommages et intérêts.

Il doit aussi payer exactement la somme ou redevance convenue : le défaut de paiement pendant trois années, donne droit au bailleur à une demande en déguerpissement. (*Ferrière.*)

La perte d'une partie de l'objet donné à bail emphytéotique ne donne pas lieu à une diminution de prix. (*Ferrière.*)

Le preneur ne peut faire au fonds, des changements qui en diminuent la valeur; comme d'un bois, d'une vigne, d'un pré, en faire une terre labourable, démolir des bâtiments pour s'en approprier les matériaux, abattre des arbres pour les brûler.

Il doit faire toutes les réparations en général qui tendent à la conservation et à l'amélioration de la chose.

## SECTION IV.

### *De la fin du bail emphytéotique.*

Le bail finit à l'époque stipulée dans le contrat.

A la fin du bail, le preneur ou ses héritiers doivent remettre les choses en bon état de réparations, sans récompenses d'amélioration faites. ( *Denisart.* )

Il ne peut démolir les bâtiments qu'il a fait construire, quand même il n'aurait pas été assujéti à cette construction par son bail. ( *Denisart*, *Ferrière.* )

Comme dans le bail à vie, le bailleur n'est pas tenu à la continuation des baux que le preneur a faits et qui ne sont point expirés.

## CHAPITRE III.

### *Du droit d'habitation.*

Le droit d'habitation est un droit de demeurer dans une maison sans en payer le loyer : ce droit s'accorde le plus communément à une femme à sa viduité sur les biens de son mari.

Celui qui a le droit d'habitation, doit en jouir en bon père de famille. ( *Code Nap.*, *art.* 627. )

Il ne peut céder ni louer son droit à un autre. ( *Idem*, *art.* 634. )

Celui qui a un droit d'habitation dans une maison, peut y demeurer avec sa famille quand même il n'aurait pas été marié à l'époque où ce droit lui a été donné. ( *Idem*, *art.* 632. )

Il est assujéti aux réparations d'entretien et au paiement des contributions, au prorata de ce dont il jouit. ( *Code Nap., art.* 635. )

Ce droit ne s'éteint qu'à la mort de celui qui en jouit, si le titre qui le lui accorde n'y a pas mis de limites.

# MODÈLES ET FORMULES
## DE BAUX
### DE DIFFÉRENTES ESPÈCES ET DE DIVERS ACTES QUI Y ONT RAPPORT.

---

## BAIL D'UNE MAISON.

Entre nous soussignés, (*noms, qualités, profession et demeure*, d'une part;

Et (*noms, qualités, profession et demeure.*) d'autre part;

A été convenu ce qui suit:

Moi (*nom du bailleur*), donne par le présent, à bail à loyer et prix d'argent, à (*nom du preneur*), ce acceptant, preneur pour (*trois, ou six, ou neuf*) années entières et consécutives, qui commenceront à courir (*indiquer l'époque de l'entrée en jouissance*), une maison sise (*indiquer l'endroit, la rue, le numéro*), ladite maison consistant en (*faire la description*) tous lesquels lieux le preneur déclare bien connaître pour les avoir vus et visités.

Ce présent bail fait moyennant la somme de ( *désigner le prix* ) que ledit ( *nom du preneur* ) promet et s'oblige de payer à moi dit bailleur en ma demeure, ou au porteur de ma quittance, en quatre paiements égaux, de trois mois en trois mois, aux quatre termes accoutumés de l'année, dont le premier écherra le ( *fixer la date* ) prochain, et ainsi continuer de terme en terme jusqu'à la fin du présent bail ; et en outre aux charges, clauses et conditions suivantes ; savoir : par ledit preneur, de garnir ladite maison de meubles suffisants pour la sûreté dudit loyer, d'entretenir ladite maison de réparations locatives nécessaires à y faire pendant tout le temps dudit bail ; et à la fin d'icelui de la rendre et délaisser en bon état d'icelles, et entièrement conforme à l'état qui en sera fait entre nous ; de souffrir faire les grosses réparations, si aucunes conviennent dans le cours dudit bail ; de payer l'impôt des portes et fenêtres, et autres, dus personnellement par les locataires ; d'acquitter les charges de ville et de police dont les locataires sont tenus ; le tout sans pouvoir prétendre aucune diminution dudit loyer ; enfin de ne céder ni transporter son droit au présent bail, en tout ou en partie, à qui que ce soit, sans le consentement exprès et par écrit de moidit bailleur, qui, de mon côté, promets tenir ledit preneur clos et couvert dans ladite maison et lieux en dépendants.

Fait double entre nous, ( *le lieu, la date du jour, du mois et de l'année.* )

## CLAUSES PARTICULIÈRES QUI PEUVENT ÊTRE INSÉRÉES DANS UN BAIL.

### *Paiement de six mois d'avance.*

A la charge de payer six mois d'avance, lequel paiement sera imputé sur les six derniers mois de jouissance du présent bail, ensorte que l'ordre ci-dessus fixé pour les paiements ne soit aucunement interverti.

### *Paiement en monnaie, et non en billets.*

Lequel paiement aura lieu en espèces métalliques ayant cours de monnaie, aux titre, poids et valeur actuels, et non en aucuns papiers, billets ni autrement, de convention expresse entre les parties, laquelle sera de rigueur, et ne pourra être réputée comminatoire, ledit preneur reconnaissant que, sans l'assurance de son exécution, le présent bail n'aurait pas eu lieu, et renonçant au bénéfice de toutes lois faites ou à intervenir qui pourraient y être contraires.

*Faculté de résoudre le bail.*

Conviennent lesdites parties qu'elles pourront respectivement se désister et départir du présent bail, en s'avertissant l'un l'autre six mois auparavant; quoi faisant, ledit bail sera et demeurera nul et résolu pour le temps qui restera alors à expirer, sans pouvoir prétendre l'un contre l'autre aucuns dommages ni intérêts, sans préjudice des loyers alors dus.

*Permission de faire des changements dans le local.*

A été convenu entre les parties, que ledit preneur pourrait, d'après le consentement et la permission que je lui en donne par le présent, faire (*exprimer les changements*) à la charge de remettre et rétablir les lieux en tel et semblable état qu'ils sont à présent, à l'effet de quoi il sera dressé un état desdits lieux, dont chacun aura copie par devers soi, et ce avant que d'entrer dans ladite maison.

(*On peut ajouter*) et néanmoins sera au choix dudit bailleur, de retenir les choses changées et augmentées, si bon lui semble, sans aucun remboursement, récompense, ni diminution dudit loyer, auquel cas ledit preneur sera déchargé de mettre les lieux dans l'état qu'ils sont à présent.

### *Résiliation de bail en cas de vente.*

Si pendant ledit temps, ledit bailleur vend ou échange ladite maison, en ce cas ledit présent bail demeurera nul et résolu pour le temps qui en restera à expirer, en avertissant le preneur six mois auparavant, sans pouvoir par ledit preneur prétendre aucuns dommages et intérêts, frais et dépens, ni diminution de loyer.

### *Obligation de faire ratifier le bail par la femme du preneur.*

Et pour plus grande sûreté dudit bailleur, ledit preneur promet et s'oblige de faire ratifier le présent bail par (*noms de la femme*) son épouse, et la faire obliger solidairement avec lui, l'un pour l'autre, et chacun d'eux seul pour le tout, à l'exécution dudit bail, et ce dans (*fixer l'époque.*)

### *Obligation de laisser finir le bail d'un locataire d'une partie de la maison.*

De plus, il a été convenu que le preneur

laisserait jouir (*nom du locataire*), locataire actuel de (*désigner le local*) pendant le temps qui reste à expirer de son bail, lequel finit (*indiquer l'époque*), et dont il recevra le loyer jusqu'audit jour, auquel il entrera en possession et jouissance par lui-même, si mieux n'aime ledit preneur, dès à présent, déposséder ledit (*nom du locataire*) dudit bail, en l'indemnisant, de gré à gré entre eux, de manière que ledit bailleur ne puisse en être inquiété par ledit (*nom du locataire*) pour raison de ladite dépossession.

### *Clauses pour un jardin.*

Le preneur entretiendra le jardin en bon état, ainsi que les allées, palissades et bois ; ne pourra ledit preneur labourer lesdites allées ; comme aussi à la fin du bail, il rendra les arbres fruitiers en nombre égal à celui qu'il en aura reçu, en sorte que s'il venait à en manquer quelques-uns, par quelque cause que ce soit, il sera tenu d'en faire planter d'autres aux endroits où ils auront manqué, à ses frais et dépens ; pourquoi il sera dressé un état double qui contiendra le nombre desdit arbres, par (*le nom du jardinier*), jardinier que les parties nomment à cet effet.

### *Intervention de caution.*

A ces présentes est intervenu (*nom de la personne*), lequel s'est rendu et constitué volontairement caution et répondant solidaire du sieur (*nom du preneur*) envers le sieur (*nom du bailleur*), pour raison tant du paiement des loyers que de l'exécution des autres charges, clauses et conditions dudit bail.

## SOUS-BAIL
## D'UN PRINCIPAL LOCATAIRE.

Entre nous soussignés, (*nom du principal locataire*), principal locataire d'une maison sise (*le lieu, la rue, le numéro*), appartenant à (*nom du propriétaire*), en vertu d'un bail sous seing-privé (*ou pardevant notaire*), que ce dernier m'en a passé le (*la date*), d'une part ;

Et (*nom et demeure du preneur*), d'autre part ;

A été convenu ce qui suit :

Moi (*le nom du principal locataire*), reconnais avoir sous-loué, en madite qualité, à (*le nom du sous-locataire*), pour tout le temps qui reste à courir, de ce jour, de mon propre bail, qui est de (*énoncer le temps*), les lieux dépendants de ladite maison, qui s'ensuivent, savoir : ( *désigner les lieux* ), et ce, moyennant la somme de ( *énoncer cette somme* ), pour et par chacun an, payable en quatre paiements égaux, de trois en trois mois, aux quatre termes accoutumés, dont le premier écherra le ( *fixer la date* ), et ainsi continuer de terme en terme jusqu'à la fin du présent bail, etc. ( *comme au modèle du bail précédent.* )

## BAIL

### D'UNE MAISON DE CAMPAGNE.

Entre nous, etc. ( *comme aux modèles précédents.* )

Ladite maison consistant en maison de maître, composée de ( *désignation* ) remises, bûcher, écurie, vacherie, poulailler, lapinière, maison de jardinier, pressoir, colombier, jardins, parcs ( *décrire séparément chacun de ces objets* ), laquelle maison, bâtiments et dépendances ledit preneur déclare bien connaître, pour les avoir vus et visités.

Ce présent bail moyennant, etc. ( *comme au modèle du premier bail.* )

Aura ledit preneur la liberté de chasser et faire chasser sur toute l'étendue des terres que tient à ferme, de moi, le sieur (*nom du fermier.*)

Pourra aussi ledit preneur pêcher, faire pêcher au filet dans les fossés de ladite maison.

Ledit preneur fera entretenir, tailler les allées de charmilles, espaliers et contre-espaliers, fera tondre en saison convenable les arbres des allées.

(*Insérer les autres clauses.*)

Fait double, etc.)

## BAIL A FERME.

Entre nous soussignés (*noms, qualites, profession et demeure*), propriétaire, d'une part;

Et (*noms, qualités, profession et demeure*), d'autre part,

A été convenu ce qui suit:

Moi (*nom du bailleur*), donne par le présent, à bail à ferme, pour (*le nombre*) années consécutives, et pour la dépouille et récolte entière de tous les fruits et produits qui pourront être perçus et recueillis pendant ces (*le nombre*) années, qui commenceront au (*fixer l'époque*), à (*le nom du preneur*), et à (*noms de la femme du preneur*), sa femme, qu'il autorise à l'effet du présent, demeurant à (*la demeure du preneur*), présents et acceptant, les biens ci-après désignés ; savoir : (*désigner la maison, s'il y en a une, et la nature, contenance et situation de chaque pièce de terre, de prairie, de vigne, de bois*),

Ainsi que tous ces biens s'étendent et se composent, sans en rien excepter ni réserver, sans aucune garantie de mesure ; ensorte que le bailleur ne sera point tenu de parfournir ce qui s'en manquerait ; et, réciproquement, les preneurs jouiront, sans aucune augmentation de fermage, de ce qui se trouverait excéder lesdites mesures, les preneurs déclarant connaître parfaitement le tout pour l'avoir vu et visité, et n'en pas désirer une plus ample désignation ;

De tous lesquels biens le bailleur s'oblige à faire jouir les preneurs, à titre de fermiers, pendant lesdites (*nombre*) années.

Ce bail à ferme est fait aux charges, clauses et conditions suivantes, que les preneurs s'obligent solidairement entre eux, sous toute renonciation aux bénéfices de droit, d'exécuter et accomplir en tout leur contenu, sans pouvoir prétendre pour ce aucune diminution de fermages ci-après fixés ; savoir :

1° De garnir ladite ferme et la tenir garnie de meubles, grains, fourrages, chevaux, bestiaux, et autres effets exploitables et suffisants pour répondre des fermages ;

2° D'entretenir les bâtiments de toutes réparations locatives, et de les rendre, à l'expiration du bail, avec toutes ces réparations bien faites, conformément à l'état des lieux, qui sera dressé entre nous avant l'entrée en jouissance desdits preneurs ;

3° De souffrir les grosses réparations qu'il conviendra de faire, et de fournir les voitures et charrois pour transporter les matériaux qui seront nécessaires pour faire ces grosses réparations ;

4° De labourer, fumer et ensemencer les terres par soles et saisons convenables, sans pouvoir les dessoler ni les dessaisonner ;

5° De convertir toutes les pailles en fumier, pour l'engrais desdites terres, sans pouvoir en distraire ni vendre aucune partie, et de laisser à la fin de son bail toutes celles qui s'y trouveront ;

6° D'entretenir les clôtures qui se trouvent sur ladite ferme, de replanter de nouvelles haies partout où il en pourra manquer, et de faire vider ou curer les fossés quand ils en auront besoin ;

7° De bien façonner et cultiver les vignes suivant les usages des lieux, les provigner et en replanter d'autres à la place de celles qui périraient ou qu'il faudrait arracher, et les entretenir d'échalas ;

8° D'écheniller les arbres toutes les fois qu'il en sera besoin, de replanter d'autres arbres à la place de ceux qui mourraient ;

9° D'avertir le bailleur des usurpations, empiètements et dégâts qui pourraient être faits sur lesdits biens présentement loués ;

10° De payer, sans aucune imputation sur les fermages, l'impôt foncier desdits biens pendant la durée de ce bail ;

11° De rendre, à l'expiration dudit bail, les ustensiles de culture et de labourage qui y sont compris, et ce en bon état, et tels qu'ils les auront reçus, et tous lesdits biens en bon état de culture et labourage.

Ce bail est fait en outre moyennant (*désigner la somme*) francs de fermages, que les preneurs s'obligent, sous la solidarité ci-dessus exprimée, de payer par chaque année du présent bail, à moi dit bailleur, et en ma demeure, ou au porteur de ma quittance, ou à monsieur (*nommer le fondé de pouvoirs et indiquer son domicile*), mon fondé de pouvoirs, et à son domicile, en deux paiements égaux (*fixer l'époque des paiements*), le premier desquels écherra et sera fait à (*le jour*), le second à (*le jour*), et ainsi continuer de terme en terme jusqu'à la fin du bail. (*Si le paiement est convenu en grains ou denrées, il faut en faire mention.*)

Faute de paiement dudit prix, trois mois après le terme échu, le présent bail demeurera nul et résolu, si bon semble audit bailleur, lequel alors pourra disposer de la jouissance desdits biens ci-dessus affermés, envers telles personnes que bon lui semblera, pour le temps qui restera à expirer dudit bail, aux risques et périls desdits preneurs.

Ne pourront lesdits preneurs prétendre aucune diminution de prix de leur bail, sous prétexte de stérilité, pluie, débordement d'eau, gelée, sécheresse et autres cas prévus et imprévus.

Comme aussi lesdits preneurs ne pourront céder ni transporter leurs droits au présent bail, sans le consentement exprès et par écrit dudit bailleur.

De son côté, ledit bailleur s'oblige de tenir les bâtiments clos et couverts suivant l'usage.

Fait double à, etc.

## BAIL D'UN MOULIN.

Entre nous soussignés (*noms, profession et demeure du bailleur*), propriétaire d'un moulin (*désigner à quel usage*) sis (*désigner si c'est sur terre, sur bateaux*), d'une part;

Et (*noms, profession et demeure du preneur*), d'autre part,

A été convenu ce qui suit; savoir :

Moi (*nom du bailleur*), reconnais avoir donné à bail à loyer à (*nom du preneur*), ce prenant et acceptant ledit moulin (*répéter l'usage*) pour le temps et espace de (*le temps*) ans accomplis, à compter du jour (*l'époque*), avec promesse de garantir ledit preneur de tout trouble et empêchement quelconque; ledit moulin garni de ses meubles, tournants, travaillant et ustensiles nécessaires, dont du tout sera, avant l'entrée en jouissance dudit preneur, fait prisée et estimation par gens experts et à ce connaissants, dont nous conviendrons ensemble, pour, par le preneur, les rendre en pareil état où ils auront été trouvés, à la fin dudit bail, parce que, dans le cas où cette prisée et estimation, qui sera renouvelée à la fin du présent bail, se trouverait plus ou moins haute, nous nous tiendrons compte réciproquement l'un à l'autre de la différence en plus ou en moins.

Le présent bail fait moyennant la somme de (*énoncer cette somme et l'époque des paiements*), et ainsi continuer d'année en année jusqu'à la fin dudit bail ;

A la charge en outre, par le preneur, de (*spécifier les charges, clauses et conditions particulières.*)

Fait double, etc.

## BAIL A CHEPTEL.

Entre nous, etc. (*noms, domiciles du bailleur et du preneur*),

A été convenu ce qui suit :

Moi (*nom du bailleur*), donne par le présent, à titre de bail à cheptel simple, pour trois années consécutives, à compter de ce jour, à (*nom du preneur*), le fonds ci-après désigné ; savoir :

1°. . . . . brebis et. . . . . beliers (*désigner le nombre et la marque*) ;

2°. . . . . vaches laitières et. . . . . . taureaux (*désigner le nombre, la couleur du poil et l'âge de chacun*) ;

3°. . . . . bœufs de labour (*désigner le nombre, la couleur du poil et l'âge de chacun*) ;

4°. . . . . chevaux de labour (*désigner le nombre, la couleur du poil et l'âge de chacun*) ;

Tous lesquels bestiaux appartiennent à moidit bailleur, et ont entre nous été estimés à la somme de. . . . . (*désigner la somme*); lesquels bestiaux ledit preneur reconnaît de son côté avoir en sa possession pour en jouir pendant lesdites trois années, profiter seul des laitages, du fumier et du travail desdits animaux, et partager par moitié avec moidit bailleur, les laines et le croît qui en proviendront durant le même temps.

Le présent bail fait aux charges, clauses et conditions suivantes :

1° Ledit preneur sera tenu de nourrir, à ses frais, tous lesdits bestiaux, de les loger, héberger, gouverner comme il convient, de prendre tous les soins pour qu'il n'arrive aucune perte et dommage, le tout pendant la durée du présent bail.

2° Ledit preneur fera tondre le troupeau à ses frais; néanmoins, aucune tonte ne pourra avoir lieu sans que le bailleur n'ait été prévenu.

3° Ledit preneur ne pourra disposer d'aucune bète du chèptel, soit du fonds, soit du croît, sans le consentement du bailleur, qui lui-même n'en pourra disposer sans le consentement du preneur.

4° Ledit bailleur et ledit preneur auront réciproquement la faculté d'exiger à la fin de chaque année, ou quand bon leur semblera, le partage du croît et de la tonte des laines.

5° Si le cheptel périt en entier, sans la faute dudit preneur, la perte sera pour ledit bailleur; s'il n'en périt qu'une partie, la perte sera supportée en commun, d'après le prix de l'estimation, qui est de. . . . . (*désigner la somme*) pour chaque brebis, de. . . . . pour chaque vache, de. . . . . pour chaque bœuf, de. . . . . pour chaque cheval.

6° Ledit preneur sera tenu des pertes arrivées par cas fortuit, lorsqu'elles auront été précédées de quelque faute de sa part.

7° Dans tous les cas, ledit preneur sera tenu de rendre compte des peaux des bêtes.

8° Les bêtes péries, sans qu'il y ait de la faute dudit preneur, seront remplacées par les croîts, le surplus seul sera partagé entre nousdits bailleur et preneur.

9° A la fin dudit bail, il sera fait une estimation du cheptel par experts nommés à l'amiable par nousdits bailleur et preneur. S'il se trouve alors du profit, ledit bailleur pourra prélever des bêtes de chaque espèce jusqu'à la concurrence de la première estimation; l'excédant sera ensuite partagé par moitié. Si au contraire il y a perte, ledit bailleur prendra ce qui restera du fonds de bétail, et ledit preneur lui paiera moitié de la perte.

10° Ne pourra ledit preneur céder le présent bail.

Fait double entre nous, à. . . . . . . ce. . . . . etc.

## CAUTIONNEMENT DE BAIL.

Entre nous, soussignés (*noms, profession et demeure de la caution*), d'une part;

Et (*noms, profession et demeure du propriétaire*), propriétaire de (*désigner l'objet*), par lui loué et donné à bail à loyer (*ou à ferme*) à (*nom du preneur*), par acte sous seing-privé, en date du (*la date*), d'autre part,

A été convenu ce qui suit; savoir :

Moi (*nom de la caution*), déclare que je me rends caution solidaire pour (*nom du preneur*), de l'exécution du bail à loyer (*ou à ferme*) passé entre ledit (*nom du bailleur*) et ledit (*nom du preneur*), dans tout son contenu, comme si j'étais moi-même preneur dudit bail, ce qui a été accepté et consenti par ledit (*nom du bailleur.*)

Fait double, etc.

## RATIFICATION DE BAIL.

Entre nous (*noms, profession et demeure du mari, s'il ratifie un bail fait par sa femme*), époux de (*noms de la femme*) (*noms de la femme, si elle ratifie un bail fait par son mari*), épouse du sieur (*noms du mari*), de lui duement autorisée à l'effet du présent, d'une part ;

Et (*noms, profession et demeure du propriétaire* ou *pricipal locataire*), propriétaire *ou* principal locataire, *ou* principal fermier (*désigner l'objet loué*), que j'ai loué à (*le nom de la personne à qui il a loué*), par bail sous seing-privé, en date du (*la date*), d'autre part,

A été convenu ce qui suit; savoir:

Moi (*le nom du mari* ou *de la femme*), après avoir pris lecture et communication dudit bail ci-dessus relaté, et mon (*mari*), ou (*mon épouse*), je déclare que j'approuve et ratifie ledit bail dans tout son contenu, pour être par moi exécuté solidairement avec (*mon mari*) ou (*mon épouse*), comme s'il avait été fait en ma présence.

Fait double, etc.

## TRANSPORT DE BAIL.

Entre nous soussignés (*noms, profession, demeure du cédant*), locataire (*désigner l'objet*), en vertu de bail sous seing-privé qui m'en a été fait (*la date*) par (*le nom du propriétaire*), d'une part;

Et (*noms, profession et demeure du preneur*), d'autre part;

A été convenu ce qui suit; savoir:

Moidit (*noms du cédant*), cède et transporte au sieur (*nom du preneur*), présent et acceptant, mon droit pour le temps qui reste à expirer, à compter du (*la date*), au bail qui m'a été fait par ledit sieur (*nom du propriétaire*), pour (*le nombre des années*), moyennant (*le prix et charges du bail*), duquel bail le sieur (*nom du preneur*) déclare avoir pris communication et lecture.

Ce transport fait à la charge, par le cessionnaire, qui s'y oblige, 1° de remplir toutes les clauses et conditions portées audit bail; 2° de payer à l'acquit du cédant, au sieur (*nom du propriétaire*), propriétaire, à compter dudit jour (*la date*), jusqu'à la fin du bail, aux époques et de la même manière que le cédant s'y est obligé, la somme de (*la somme*) francs de loyer annuel due audit propriétaire pour la location ci-dessus désignée, ensorte que le premier paiement à la charge du cessionnaire, échéra et sera fait (*le jour*), le second (*le jour*), et ainsi de suite, de trois mois en trois mois jusqu'à la fin du bail, le tout de telle sorte que le cédant ne soit aucunement inquiété, poursuivi, ni recherché à ce sujet.

*S'il y a paiement de six mois d'avance, on ajoute la clause suivante :*

Ledit sieur (*nom du preneur*) m'a présentement payé la somme de (*la somme*), pour le remboursement de six mois d'avance de loyer payés au sieur (*nom du propriétaire*), suivant le bail susdaté qui en contient quittance. Ces six mois payés d'avance ayant été stipulés imputables sur les six derniers mois de jouissance du bail, l'ordre ci-dessus fixé pour le paiement des loyers ne sera point interverti, mais ledit cessionnaire jouira pendant les six derniers mois du bail sans payer le loyer, ainsi que moidit (*nom du cédant*) cédant en avais le droit.

Le présent transport est fait au moyen du consentement par écrit que ledit cédant en a obtenu dudit sieur (*nom du propriétaire*), et dont il a justifié audit cessionnaire.

Fait double, etc.

## DÉSISTEMENT

### VOLONTAIRE DE BAIL.

Entre nous, etc. (*comme aux autres modèles*),

Nous nous sommes par ces présentes volontairement désistés et départis de l'effet exécution du bail à loyer (*ou à ferme*) fait entre nous le (*la date*), par acte sous seing-privé de (*désigner l'objet du bail*), consentant l'un et l'autre réciproquement que ledit bail soit et demeure nul et résolu, sans aucuns dépens, dommages ni intérêts de part ni d'autre, pour le temps qui en restera à expirer, à compter (*fixer l'époque*) prochain, auquel jour ledit (*nom du preneur*) sera tenu et promet vider la dite maison (*ou délaisser les biens, si c'est une ferme*), la rendre libre et en bon état de réparations dont les locataires sont tenus, pour par moi-dit bailleur en faire et disposer comme bon me semblera, sous la condition néanmoins que ledit sieur (*nom du preneur*) acquittera audit jour ci-dessus indiqué pour la cessation du bail, tous les loyers alors dus et échus, conformément audit bail, lequel, pour ce seulement, aura son entière force et vertu.

Fait double, etc.

## CONTINUATION DE BAIL.

Entre nous soussignés (*comme aux autres modèles*),

Sommes convenus que le bail sous seing-privé de (*designer l'objet*) fait entre nous le (*la date*), et qui doit expirer le (*la date*), continuera d'avoir un nouveau cours et effet pour le même temps et aux mêmes clauses, charges et conditions que celles qui y sont exprimées, et moyennant le même prix pour chacune desdites trois (*ou six ou neuf*) années, que le preneur promet et s'oblige de payer à moi bailleur, aux termes et ainsi qu'il est porté au bail ci-dessus relaté.

Fait double, etc.

## CONGÉ.

Entre nous soussignés, (*comme aux autres modèles*),

A été convenu que le bail sous seing-privé fait entre nous le (*la date*) d'une maison, (*ou autres lieux*), au moyen du congé que m'a donné ledit sieur (*nom du preneur*), locataire, lequel j'ai accepté volontairement et librement *ou* que moidit (*nom du propriétaire*), propriétaire, ai donné audit sieur (*nom du locataire*), locataire, lequel il a accepté volontairement et librement, est et demeure résolu pour le terme de ( *désigner le jour* ), auquel jour ledit sieur ( *nom du locataire*) promet rendre lesdits lieux vuides et quittes de toutes réparations locatives.

Fait double, etc.

## QUITTANCE.

Je soussigné propriétaire *ou* principal locataire d'une maison ( *ou tout autre objet que l'on désignera* ), reconnais avoir reçu du sieur ( *nom du locataire ou fermier*), la somme de ( *désigner la somme* ), pour trois mois ou six mois de loyer échus au premier du (*le mois* ), de la dite maison, ( *ou autre objet* ) qu'il tient de moi, en vertu d'un bail sous seing-privé en date du( *la date* ), dont quittance pour solde dudit loyer jusqu'à ce jour, et ce sans préjudice du terme courant.

A ce , etc.

## DÉCHARGE

### D'UNE REMISE DE CLEFS.

Je soussigné, propriétaire ou principal locataire d'une maison sise à ( *ou tout autre objet que l'on désignera* ), reconnais que le sieur ( *nom du locataire ou fermier* ) m'a fait la remise des clefs de la maison et appartements en dépendants que je lui avais loués, pourquoi, et vu les paiements de ses loyers que ledit sieur (*nom du preneur*) a acquittés exactement jusqu'à ce jour, et les réparations locatives qu'il a faites, je le tiens quitte et décharge de toutes choses généralement quelconques, relatives à ladite location.

A ce , etc.

# TEXTE DU CODE NAPOLÉON.

## LIVRE III. — TITRE VIII.

*Du Contrat de Louage.*

## CHAPITRE PREMIER.

### *Dispositions générales.*

ART. 1708. Il y a deux sortes de contrats de louage :

Celui des choses,

Et celui d'ouvrage.

1709. Le louage des choses est un contrat par lequel l'une des parties s'oblige à faire jouir l'autre d'une chose pendant un certain temps, et moyennant un certain prix que celle-ci s'oblige de lui payer.

1710. Le louage d'ouvrage est un contrat par lequel l'une des parties s'engage à faire quelque chose pour l'autre, moyennant un prix convenu entre elles.

1711. Ces deux genres de louage se subdivisent encore en plusieurs espèces particulières :

On appelle *Bail à loyer*, le louage des maisons et celui des meubles ;

*Bail à ferme*, celui des héritages ruraux ;

*Loyer*, le louage du travail ou du service ;

*Bail à cheptel*, celui des animaux dont le profit se partage entre le propriétaire et celui à qui il les confie.

*Les devis*, *marché* ou *prix fait*, pour l'entreprise d'un ouvrage moyennant un prix déterminé, sont aussi un louage, lorsque la matière est fournie par celui pour qui l'ouvrage se fait.

Ces trois dernières espèces ont des règles particulières.

1712. Les baux des biens nationaux, des biens des communes et des établissements publics, sont soumis à des réglements particuliers.

## CHAPITRE II.

### *Du Louage des choses.*

1713. On peut louer toutes sortes de biens meubles ou immeubles.

## SECTION PREMIÈRE.

### *Des Règles communes aux Baux des Maisons et des Biens ruraux.*

1714. On peut louer ou par écrit, ou verbalement.

1715. Si le bail fait sans écrit n'a encore reçu aucune exécution, et que l'une des parties le nie, la preuve ne peut être reçue par témoins, quelque modique qu'en soit le prix, et quoiqu'on allègue qu'il y a eu des arrhes données.

Le serment peut seulement être déféré à celui qui nie le bail.

1716. Lorsqu'il y aura contestation sur le prix du bail verbal dont l'exécution a commencé, et qu'il n'existera point de quittance, le propriétaire en sera cru sur son serment, si mieux n'aime le locataire demander l'estimation par experts ; auquel cas les frais de l'expertise restent à sa charge, si l'estimation excède le prix qu'il a déclaré.

1717. Le preneur a le droit de sous-louer, et même de céder son bail à un autre, si cette faculté ne lui a pas été interdite.

Elle peut être interdite pour le tout ou partie.

Cette clause est toujours de rigueur.

1718. Les articles du titre *du Contrat de mariage, et des Droits respectifs des Epoux*, relatifs aux baux des biens des femmes mariées, sont applicables aux baux des biens des mineurs.

1719. Le bailleur est obligé, par la nature du contrat, et sans qu'il soit besoin d'aucune stipulation particulière,

1° De délivrer au preneur la chose louée;

2° D'entretenir cette chose en état de servir à l'usage pour lequel elle a été louée;

3° D'en faire jouir paisiblement le preneur pendant la durée du bail.

1720. Le bailleur est tenu de délivrer la chose en bon état de réparations de toute espèce.

Il doit y faire, pendant la durée du bail, toutes les réparations qui peuvent devenir nécessaires, autres que les locatives.

1721. Il est dû garantie au preneur pour tous les vices ou défauts de la chose louée qui empêchent l'usage, quand même le bailleur ne les aurait pas connus lors du bail.

S'il résulte de ces vices ou défauts quelque perte pour le preneur, le bailleur est tenu de l'indemniser.

1722. Si, pendant la durée du bail, la chose louée est détruite en totalité par cas fortuit, le bail est résilié de plein droit; si elle n'est détruite qu'en partie, le preneur peut, suivant les circonstances, demander ou une diminution du prix, ou la résiliation du même bail. Dans l'un et l'autre cas, il n'y a lieu à aucun dédommagement.

1723. Le bailleur ne peut, pendant la durée du bail, changer la forme de la chose louée.

1724. Si, durant le bail, la chose louée a besoin de réparations urgentes, et qui ne puissent être différées jusqu'à sa fin, le preneur doit les souffrir, quelque incommodité qu'elles lui causent, et quoiqu'il soit privé, pendant qu'elles se font, d'une partie de la chose louée.

Mais, si ces réparations durent plus de quarante jours, le prix du bail sera diminué à proportion du temps et de la partie de la chose louée dont il aura été privé.

Si les réparations sont de telle nature qu'elles rendent inhabitable ce qui est nécessaire au logement du preneur et de sa famille, celui-ci pourra faire résilier le bail.

1725. Le bailleur n'est pas tenu de garantir le preneur, du trouble que des tiers apportent, par voies de fait, à sa jouissance, sans prétendre d'ailleurs aucun droit sur la chose louée, sauf au preneur à les poursuivre en son nom personnel.

1726. Si, au contraire, le locataire ou le fermier ont été troublés dans leur jouissance, par suite d'une action concernant la propriété du fonds, ils ont droit à une diminution proportionnée sur le prix du bail à loyer ou à ferme, pourvu que le trouble et l'empêchement aient été dénoncés au propriétaire.

1727. Si ceux qui ont commis les voies de fait, prétendent avoir quelque droit sur la chose louée, ou si le preneur est lui-même cité en justice pour se voir condamner au délaissement de la totalité ou de partie de cette chose, ou à souffrir l'exercice de quelque servitude, il doit appeler le bailleur en garantie, et doit être mis hors d'instance, s'il l'exige, en nommant le bailleur pour lequel il possède.

1728. Le preneur est tenu de deux obligations principales,

1° D'user de la chose louée en bon père de famille, et suivant la destination qui lui a été donnée par le bail, ou suivant celle présumée d'après les circonstances, à défaut de convention;

2° De payer le prix du bail aux termes convenus.

1729. Si le preneur emploie la chose louée, à un autre usage que celui auquel elle a été destinée, ou dont il puisse résulter un dommage pour le bailleur, celui-ci peut, suivant les circonstances, faire résilier le bail.

1730. S'il a été fait un état des lieux entre le bailleur et le preneur, celui-ci doit rendre la chose telle qu'il l'a reçue, suivant cet état, excepté ce qui a péri ou a été dégradé par vétusté ou force majeure.

1731. S'il n'a pas été fait d'état des lieux, le preneur est présumé les avoir reçus en bon état de réparations locatives, et doit les rendre tels, sauf la preuve contraire.

1732. Il répond des dégradations ou des pertes qui arrivent pendant sa jouissance, à moins qu'il ne prouve qu'elles ont eu lieu sans sa faute.

1733. Il répond de l'incendie, à moins qu'il ne prouve

Que l'incendie est arrivé par cas fortuit ou force majeure, ou par vice de construction,

Ou que le feu a été communiqué par une maison voisine.

1734. S'il y a plusieurs locataires, tous sont solidairement responsables de l'incendie,

A moins qu'ils ne prouvent que l'incendie a commencé dans l'habitation de l'un d'eux, auquel cas celui-là seul en est tenu,

Ou que quelques-uns ne prouvent que l'incendie n'a pu commencer chez eux, auquel cas ceux-là n'en sont pas tenus.

1735. Le preneur est tenu des dégradations et des pertes qui arrivent par le fait des personnes de sa maison ou de ses sous-locataires.

1736. Si le bail a été fait sans écrit, l'une des parties ne pourra donner congé à l'autre qu'en observant les délais fixés par l'usage des lieux.

1737. Le bail cesse de plein droit à l'expiration du terme fixé, lorsqu'il a été fait par écrit, sans qu'il soit nécessaire de donner congé.

1738. Si, à l'expiration des baux écrits, le preneur reste et est laissé en possession, il opère un nouveau bail dont l'effet est réglé par l'article relatif aux locations faites sans écrit.

1739. Lorsqu'il y a un congé signifié, le preneur, quoiqu'il ait continué sa jouissance, ne peut invoquer la tacite reconduction.

1740. Dans le cas des deux articles précédents, la caution donnée pour le bail ne s'étend pas aux obligations résultant de la prolongation.

1741. Le contrat de louage se résout par la perte de la chose louée, et par le défaut respectif du bailleur et du preneur, de remplir leurs engagements.

1742. Le contrat de louage n'est point résolu par la mort du bailleur, ni par celle du preneur.

1743. Si le bailleur vend la chose louée, l'acquéreur ne peut expulser le fermier ou le locataire qui a un bail authentique, ou dont la date est certaine, à moins qu'il ne se soit réservé ce droit par le contrat de bail.

1744. S'il a été convenu, lors du bail, qu'en cas de vente l'acquéreur pourrait expulser le fermier ou locataire, et qu'il n'ait été fait aucune stipulation sur les dommages et intérêts, le bailleur est tenu d'indemniser le fermier ou le locataire, de la manière suivante.

1745. S'il s'agit d'une maison, appartement ou boutique, le bailleur paye, à titre de dommages et intérêts, au locataire évincé, une somme égale au prix du loyer, pendant le temps qui, suivant l'usage des lieux, est accordé entre le congé et la sortie.

1746. S'il s'agit de biens ruraux, l'indemnité que le bailleur doit payer au fermier, est du tiers du prix du bail pour tout le temps qui reste à courir.

1747. L'indemnité se réglera par experts, s'il s'agit de manufactures, usines, ou autres établissements qui exigent de grandes avances.

1748. L'acquéreur qui veut user de la faculté réservée par le bail, d'expulser le fermier ou locataire en cas de vente, est, en outre, tenu d'avertir le locataire au temps d'avance usité dans le lieu, pour les congés.

Il doit aussi avertir le fermier de biens ruraux, au moins un an à l'avance.

1749. Les fermiers ou les locataires ne peuvent être expulsés qu'ils ne soient payés par le bailleur, ou, à son défaut, par le nouvel acquéreur, des dommages et intérêts ci-dessus expliqués.

1750. Si le bail n'est pas fait par acte authentique, ou n'a point de date certaine, l'acquéreur n'est tenu d'aucuns dommages et intérêts.

1751. L'acquéreur à pacte de rachat ne peut user de la faculté d'expulser le preneur, jusqu'à ce que, par l'expiration du délai fixé pour le réméré, il deviène propriétaire incommutable.

## SECTION II.

### *Des Règles particulières aux Baux à loyer.*

1752. Le locataire qui ne garnit pas la maison de meubles suffisants, peut être expulsé, à moins qu'il ne donne des sûretés capables de répondre du loyer.

1753. Le sous-locataire n'est tenu envers le propriétaire que jusqu'à concurrence du prix de sa sous-location dont il peut être débiteur au moment de la saisie, et sans qu'il puisse opposer des paiements faits par anticipation.

1754. Les réparations locatives ou de menu entretien dont le locataire est tenu, s'il n'y a clause contraire, sont celles désignées comme telles par l'usage des lieux, et, entre autres, les réparations à faire.

Aux âtres, contre-cœurs, chambranles et tablettes des cheminées;

Au recrépiment du bas des murailles des appartements et autres lieux d'habitation, à la hauteur d'un mètre;

Aux pavés et carreaux des chambres, lorsqu'il y en a seulement quelques-uns de cassés;

Aux vitres, à moins qu'elles ne soient cassées par la grêle, ou autres accidents extraordinaires et de force majeure, dont le locataire ne peut être tenu;

Aux portes, croisées, planches de cloison ou de fermetures de boutiques, gonds, targettes et serrures.

1755. Aucune des réparations réputées locatives n'est à la charge des locataires, quand elles ne sont occasionnées que par vétusté ou force majeure.

1756. Le curement des puits et celui des fosses d'aisance sont à la charge du bailleur, s'il n'y a clause contraire.

1757. Le bail des meubles fournis pour garnir une maison entière, un corps de logis entier, une boutique, ou tous autres appartements, est censé fait pour la durée ordinaire des baux de maisons, corps de logis, boutiques, ou autres appartements, selon l'usage des lieux.

1758. Le bail d'un appartement meublé est censé fait à l'année, quand il a été fait à tant par an;

Au mois, qnand il a été fait à tant par mois;

Au jour, s'il a été fait à tant par jour.

Si rien ne constate que le bail soit fait à tant par an, par mois ou par jour, la location est censé faite suivant l'usage des lieux.

1759. Si le locataire d'une maison ou d'un appartement continue sa jouissance après l'expiration du bail par écrit, sans opposition de la part du bailleur, il sera censé les occuper aux mêmes conditions, pour le terme fixé par l'usage des lieux, et ne pourra plus en sortir ni en être expulsé qu'après un congé donné suivant le délai fixé par l'usage des lieux.

1760. En cas de résiliation par la faute

du locataire, celui-ci est tenu de payer le prix du bail pendant le temps nécessaire à la relocation, sans préjudice des dommages et intérêts qui ont pu résulter de l'abus.

1761. Le bailleur ne peut résoudre la location, encore qu'il déclare vouloir occuper par lui-même la maison louée, s'il n'y a eu convention contraire.

1762. S'il a été convenu dans le contrat de louage, que le bailleur pourrait venir occuper la maison, il est tenu de signifier d'avance un congé aux époques déterminées par l'usage des lieux.

## SECTION III.

### *Des Règles particulières aux Baux à ferme.*

1763. Celui qui cultive sous la condition d'un partage de fruits avec le bailleur, ne peut ni sous-louer ni céder, si la faculté ne lui en a été expressément accordée par le bail.

1764. En cas de contravention, le propriétaire a droit de rentrer en jouissance, et le preneur est condamné aux dommages-intérêts résultant de l'inexécution du bail.

1765. Si, dans un bail à ferme, on donne aux fonds une contenance moindre ou plus grande que celle qu'ils ont réellement, il n'y a lieu à augmentation ou diminution de prix pour le fermier, que dans les cas et suivant les règles exprimées au titre *de la Vente.*

Si le preneur d'un héritage rural ne le garnit pas des bestiaux et des ustensiles nécessaires à son exploitation, s'il abandonne la culture, s'il ne cultive pas en bon père de famille, s'il emploie la chose louée à un autre usage que celui auquel elle a été destinée, ou, en général, s'il n'exécute pas les clauses du bail, et qu'il en résulte un dommage pour le bailleur, celui-ci peut, suivant les circonstances, faire résilier le bail.

En cas de résiliation provenant du fait du preneur, celui-ci est tenu des dommages et intérêts, ainsi qu'il est dit en l'article 1764.

1767. Tout preneur de bien rural est tenu d'engranger dans les lieux à ce destinés d'après le bail.

1768. Le preneur d'un bien rural est tenu, sous peine de tous dépens, dommages et intérêts, d'avertir le propriétaire, des usurpations qui peuvent être commises sur les fonds.

Cet avertissement doit être donné dans le même délai que celui qui est réglé en cas d'assignation, suivant la distance des lieux.

1769. Si le bail est fait pour plusieurs années, et que pendant la durée du bail, la totalité ou la moitié d'une récolte au moins soit enlevée par des cas fortuits, le fermier peut demander une remise du prix de sa location, à moins qu'il ne soit indemnisé par les récoltes précédentes.

S'il n'est pas indemnisé, l'estimation de la remise ne peut avoir lieu qu'à la fin du bail, auquel temps il se fait une compensation de toutes les années de jouissance;

Et cependant le juge peut provisoirement dispenser le preneur de payer une partie du prix en raison de la perte soufferte.

1770. Si le bail n'est que d'une année, et que la perte soit de la totalité des fruits, ou au moins de la moitié, le preneur sera déchargé d'une partie proportionnelle du prix de la location.

Il ne pourra prétendre aucune remise, si la perte est moindre de moitié.

1771. Le fermier ne peut obtenir de remise, lorsque la perte des fruits arrive après qu'ils sont séparés de la terre, à moins que le bail ne donne au propriétaire une quotité de la récolte en nature; auquel cas le propriétaire doit supporter sa part de la perte, pourvu que le preneur ne fût pas en demeure de lui délivrer sa portion de récolte.

Le fermier ne peut également demander une remise, lorsque la cause du dommage était existante et connue à l'époque où le bail a été passé.

1772. Le preneur peut être chargé des cas fortuits par une stipulation expresse.

1773. Cette stipulation ne s'entend que des cas fortuits ordinaires, tels que grêle, feu du ciel, gelée ou coulure.

Elle ne s'entend point des cas fortuits extraordinaires, tels que les ravages de la guerre, ou une inondation, auxquels le pays n'est pas ordinairement sujet, à moins que le preneur n'ait été chargé de tous les cas fortuits prévus ou imprévus.

1774. Le bail sans écrit, d'un fonds rural, est censé fait pour le temps qui est nécessaire afin que le preneur recueille tous les fruits de l'héritage affermé.

Ainsi le bail à ferme d'un pré, d'une vigne, et tout autre fonds dont les fruits se recueillent en entier dans le cours de l'année, est censé fait pour un an.

Le bail des terres labourables, lorsqu'elles se divisent par soles ou saisons, est censé fait pour autant d'années qu'il y a de soles.

1775. Le bail des héritages ruraux, quoique fait sans écrit, cesse de plein droit à l'expiration du temps pour lequel il est censé fait, selon l'article précédent.

1776. Si, à l'expiration des baux ruraux écrits, le preneur reste et est laissé en possession, il s'opère un nouveau bail dont l'effet est réglé par l'article 1774.

1777. Le fermier sortant doit laisser à celui qui lui succède dans la culture, les logements convenables et autres facilités pour les travaux de l'année suivante; et réciproquement, le fermier entrant doit procurer à celui qui sort les logements convenables et autres facilités pour la consommation des fourrages, et pour les récoltes restant à faire.

Dans l'un et l'autre cas, on doit se conformer à l'usage des lieux.

1778. Le fermier sortant doit aussi laisser les pailles et engrais de l'année, s'il les a reçus lors de son entrée en jouissance; et quand même il ne les aurait pas reçus, le propriétaire pourra les retenir suivant l'estimation.

# DU BAIL A CHEPTEL.

## CHAPITRE IV.

### SECTION PREMIÈRE.

*Dispositions générales.*

1800. Le bail à cheptel est un contrat par lequel l'une des parties donne à l'autre un fonds de bétail pour le garder, le nourrir et le soigner, sous les conditions convenues entre elles.

1801. Il y a plusieurs sortes de cheptels;

Le cheptel simple ou ordinaire,

Le cheptel à moitié,

Le cheptel donné au fermier ou au colon partiaire.

Il y a encore une quatrième espèce de contrat improprement appelée *cheptel*.

1802. On peut donner à cheptel toute espèce d'animaux susceptibles de croît ou de profit pour l'agriculture ou le commerce.

1803. A défaut de conventions particulières, ces contrats se règlent par les principes qui suivent.

## SECTION II.

### *Du cheptel simple.*

1804. Le bail à cheptel simple est un contrat par lequel on donne à un autre des bestiaux à garder, nourrir et soigner, à condition que le preneur profitera de la moitié du croît, et qu'il supportera aussi la moitié de la perte.

1805. L'estimation donnée au cheptel dans le bail, n'en transporte pas la propriété au preneur; elle n'a d'autre objet que de fixer la perte ou le profit qui pourra se trouver à l'expiration du bail.

1806. Le preneur doit les soins d'un bon père de famille, à la conservation du cheptel.

1807. Il n'est tenu du cas fortuit que lorsqu'il a été précédé de quelque faute de sa part, sans laquelle la perte ne serait pas arrivée.

1808. En cas de contestation, le bailleur est tenu de prouver la faute qu'il impute au preneur.

1809. Le preneur qui est déchargé par le cas fortuit, est toujours tenu de rendre compte des peaux de bêtes.

1810. Si le cheptel périt en entier sans la faute du preneur, la perte en est pour le bailleur.

S'il n'en périt qu'une partie, la perte est supportée en commun, d'après le prix d'estimation originaire, et celui de l'estimation à l'expiration du cheptel.

1811. On ne peut stipuler,

Que le preneur supportera la perte totale du cheptel, quoique arrivée par cas fortuit et sans sa faute,

Ou qu'il supportera, dans la perte, une part plus grande que dans le profit,

Ou que le bailleur prélevera, à la fin du bail, quelque chose de plus que le cheptel qu'il a fourni.

Toute convention semblable est nulle.

Le preneur profite seul des laitages, du fumier et du travail des animaux donnés à cheptel.

La laine et le croît se partagent.

1812. Le preneur ne peut disposer d'aucune bête du troupeau, soit du fonds, soit du croît, sans le consentement du bailleur, qui ne peut lui-même en disposer sans le consentement du preneur.

1813. Lorsque le cheptel est donné au fermier d'autrui, il doit être notifié au propriétaire de qui ce fermier tient; sans quoi il peut le saisir et le faire vendre pour ce que son fermier lui doit.

1814. Le preneur ne pourra tondre sans en prévenir le bailleur.

1815. S'il n'y a pas de temps fixé par la convention pour la durée du cheptel, il est censé fait pour trois ans.

1816. Le bailleur peut en demander plutôt la résolution, si le preneur ne remplit pas ses obligations.

1817. A la fin du bail, ou lors de sa résolution, il se fait une nouvelle estimation du cheptel.

Le bailleur peut prélever des bêtes de chaque espèce, jusqu'à concurrence de la première estimation: l'excédant se partage.

S'il n'existe pas assez de bêtes pour remplir la première estimation, le bailleur prend ce qui reste, et les parties se font raison de la perte.

## SECTION III.

### *Du cheptel à moitié.*

1818. Le cheptel à moitié est une société dans laquelle chacun des contractants fournit la moitié des bestiaux, qui demeurent communs pour le profit ou pour la perte.

1819. Le preneur profite seul, comme dans le cheptel simple, des laitages, du fumier et des travaux des bêtes.

Le bailleur n'a droit qu'à la moitié des laines et du croît.

Toute convention contraire est nulle, à moins que le bailleur ne soit propriétaire de la métairie dont le preneur est fermier ou colon partiaire.

1820. Toutes les autres règles du cheptel simple s'appliquent au cheptel à moitié.

## SECTION IV.

### *Du Cheptel donné par le Propriétaire à son Fermier ou Colon partiaire.*

### § Ier.

#### *Du cheptel donné au fermier.*

1821. Ce cheptel (aussi appelé *cheptel de fer*) est celui par lequel le propriétaire d'une métairie la donne à ferme, à la charge qu'à l'expiration du bail, le fermier laissera des bestiaux d'une valeur égale au prix de l'estimation de ceux qu'il aura reçus.

1822. L'estimation du cheptel donné au fermier ne lui en transfère pas la propriété, mais néanmoins le met à ses risques.

1823. Tous les profits appartiènent au fermier pendant la durée de son bail, s'il n'y a convention contraire.

1824. Dans les cheptels donnés au fermier, le fumier n'est point dans les profits personnels des preneurs, mais appartient à la métairie, à l'exploitation de laquelle il doit être uniquement employé.

1825. La perte, même totale et par cas fortuit, est en entier pour le fermier, s'il n'y a convention contraire.

1826. A la fin du bail, le fermier ne peut retenir le cheptel en en payant l'estimation originaire; il doit en laisser un de valeur pareille à celui qu'il a reçu.

S'il y a du déficit, il doit le payer; et c'est seulement l'excédant qui lui appartient.

## § II.

### *Du cheptel donné au colon partiaire.*

1827. Si le cheptel périt en entier sans la faute du colon, la perte est pour le bailleur.

1828. On peut stipuler que le colon délaissera au bailleur sa part de la toison à un prix inférieur à la valeur ordinaire;

Que le bailleur aura une plus grande part du profit;

Qu'il aura la moitié des laitages:

Mais on ne peut pas stipuler que le colon sera tenu de toute la perte.

1829. Ce cheptel finit avec le bail à métairie.

1830. Il est d'ailleurs soumis à toutes les règles du cheptel simple.

## SECTION V.

### *Du Contrat improprement appelé Cheptel.*

1831. Lorsqu'une ou plusieurs vaches sont données pour les loger et les nourrir, le bailleur en conserve la propriété, il a seulement le profit des veaux qui en naissent.

---

## DE L'USUFRUIT.

Art. 578. L'usufruit est le droit de jouir des choses dont un autre a la propriété, comme le propriétaire lui-même, mais à la charge d'en conserver la substance.

579. L'usufruit est établi par la loi ou par la volonté de l'homme.

580. L'usufruit peut être établi, ou purement, ou à certain jour, ou à condition.

581. Il peut être établi sur toute espèce de biens meubles ou immeubles.

## SECTION PREMIÈRE.

### *Des droits de l'usufruitier.*

Art. 582. L'usufruitier a le droit de jouir de toute espèce de fruits, soit naturels, soit industriels, soit civils, que peut produire l'objet dont il a l'usufruit.

583. Les fruits naturels sont ceux qui sont le produit spontané de la terre. Le produit et le croît des animaux sont aussi des fruits naturels.

Les fruits industriels d'un fonds sont ceux qu'on obtient par la culture.

584. Les fruits civils sont les loyers des maisons, les intérêts des sommes exigibles, les arrérages des rentes.

Les prix des baux à ferme sont aussi rangés dans la classe des fruits civils.

585. Les fruits naturels et industriels, pendants par branches ou par racines au moment où l'usufruit est ouvert, appartiennent à l'usufruitier.

Ceux qui sont dans le même état au moment où finit l'usufruit, appartiennent au propriétaire, sans récompense de part ni d'autre des labours et des semences; mais aussi sans préjudice de la portion des fruits qui pourrait être acquise au colon partiaire, s'il en existait un au commencement ou à la cessation de l'usufruit.

586. Les fruits civils sont réputés s'acquérir jour par jour, et appartiennent à l'usufruitier, à proportion de la durée de son usufruit. Cette règle s'applique aux prix des baux à ferme, comme aux loyers des maisons, et autres fruits civils.

587. Si l'usufruit comprend des choses dont on ne peut faire usage sans les consommer, comme l'argent, les grains, les liqueurs, l'usufruitier a le droit de s'en servir, mais à la charge d'en rendre de pareille quantité, qualité et valeur, ou leur estimation, à la fin de l'usufruit.

588. L'usufruit d'une rente viagère donne aussi à l'usufruitier, pendant la durée de son usufruit, le droit d'en percevoir les arrérages sans être tenu à aucune restitution.

589. Si l'usufruit comprend des choses qui, sans se consommer de suite, se détériorent peu à peu par l'usage, comme du linge, des meubles meublants, l'usufruitier a le droit de s'en servir pour l'usage auquel elles sont destinées, et n'est obligé de les rendre, à la fin de l'usufruit, que dans l'état où elles se trouvent, non détériorées par son dol ou par sa faute.

590. Si l'usufruit comprend des bois taillis, l'usufruitier est tenu d'observer l ordre et la quotité des coupes, conformément à l'aménagement ou à l'usage constant des propriétaires ; sans indemnité toutefois en faveur de l'usufruitier ou de ses héritiers, pour les coupes ordinaires, soit de taillis, soit de baliveaux, soit de futaie, qu'il n'aurait pas faites pendant sa jouissance.

Les arbres qu'on peut tirer d'une pépinière, sans la dégrader, ne font aussi partie de l'usufruit qu'à la charge par l'usufruitier de se conformer aux usages des lieux pour le remplacement.

591. L'usufruitier profite encore, toujours en se conformant aux époques et à l'usage des anciens propriétaires, des parties de bois de haute futaie qui ont été mises en coupes réglées, soit que ces coupes se fassent périodiquement sur une certaine étendue de terrain, soit qu'elles se fassent d'une certaine quantité d'arbres pris indistinctement sur toute la surface du domaine.

592. Dans tous les autres cas, l'usufruitier ne peut toucher aux arbres de haute futaie; il peut seulement employer, pour faire les réparations dont il est tenu, les arbres arrachés ou brisés par accident ; il peut même, pour cet objet, en faire abattre, s'il est né-

cessaire, mais à la charge d'en faire constater la nécessité avec le propriétaire.

593. Il peut prendre dans les bois des échalas pour les vignes; il peut aussi prendre sur les arbres, des produits annuels ou périodiques : le tout suivant l'usage du pays ou la coutume des propriétaires.

594. Les arbres fruitiers qui meurent, ceux même qui sont arrachés ou brisés par accident, appartiennent à l'usufruitier, à la charge de les remplacer par d'autres.

695. L'usufruitier peut jouir par lui-même, donner à ferme à un autre, ou même vendre ou céder son droit à titre gratuit. S'il donne à ferme, il doit se conformer, pour les époques où les baux doivent être renouvelés et pour leur durée, aux règles établies pour le mari, à l'égard des biens de la femme, au titre *du contrat de mariage et des droits respectifs des époux.*

596. L'usufruitier jouit de l'augmentation survenue par alluvion à l'objet dont il a l'usufruit.

597. Il jouit des droits de servitude, de passage, et généralement de tous les droits dont le propriétaire peut jouir, et il en jouit comme le propriétaire lui-même.

598. Il jouit aussi, de la même manière que le propriétaire, des mines et carrières qui sont en exploitation à l'ouverture de l'u-

sufruit ; et néanmoins, s'il s'agit d'une exploitation qui ne puisse être faite sans une concession, l'usufruitier ne pourra en jouir qu'après en avoir obtenu la permission du gouvernement.

Il n'a aucun droit aux mines et carrières non encore ouvertes, ni aux tourbières dont l'exploitation n'est point encore commencée, ni au trésor qui pourrait être découvert pendant la durée de l'usufruit.

599. Le propriétaire ne peut, par son fait, ni de quelque manière que ce soit, nuire aux droits de l'usufruitier.

De son côté, l'usufruitier ne peut, à la cessation de l'usufruit, réclamer aucune indemnité pour les améliorations qu'il prétendrait avoir faites, encore que la valeur de la chose en fût augmentée.

Il peut cependant, ou ses héritiers, enlever les glaces, tableaux et autres ornements qu'il aurait fait placer, mais à la charge de rétablir les lieux dans leur premier état.

## SECTION II.

### *Des obligations de l'usufruitier.*

Art. 600. L'usufruitier prend les choses dans l'état où elles sont ; mais il ne peut entrer en jouissance qu'après avoir fait dresser, en présence du propriétaire, ou qui dûment appelé, un inventaire des meubles et un état des immeubles sujets à l'usufruit.

601. Il donne caution de jouir en bon père de famille, s'il n'en est dispensé par l'acte constitutif de l'usufruit : cependant les père et mère ayant l'usufruit légal du bien de leurs enfants, le vendeur ou le donateur, sous réserve d'usufruit, ne sont pas tenus de donner caution.

602. Si l'usufruitier ne trouve pas de caution, les immeubles sont donnés à ferme ou mis en séquestre ;

Les sommes comprises dans l'usufruit sont placées ;

Les denrées sont vendues, et le prix en provenant est pareillement placé.

Les intérêts de ces sommes et le prix des fermes appartiennent dans ce cas à l'usufruitier.

603. A défaut d'une caution de la part de l'usufruitier, le propriétaire peut exiger que les meubles qui dépérissent par l'usage soient vendus, pour le prix en être placé comme celui des denrées ; et alors l'usufruitier jouit de l'intérêt pendant son usufruit, cependant l'usufruitier pourra demander, et les juges pourront ordonner, suivant les circonstances, qu'une partie des meubles nécessaires pour son usage lui soit délaissée, sous

sa simple caution juratoire, et à la charge de les représenter à l'extinction de l'usufruit.

604. Le retard de donner caution ne prive pas l'usufruitier des fruits auxquels il peut avoir droit ; ils lui sont dus au moment où l'usufruit a été ouvert.

605. L'usufruitier n'est tenu qu'aux réparations d'entretien.

Les grosses réparations demeurent à la charge du propriétaire, à moins qu'elles n'aient été occasionnées par le défaut de réparations, d'entretien, depuis l'ouverture de l'usufruit, auquel cas l'usufruitier en est aussi tenu.

606. Les grosses réparations sont celles des gros murs et des voûtes, le rétablissement des poutres et des couvertures entières ;

Celui des digues et des murs de soutenement et de clôture, aussi en entier.

Toutes les autres réparations sont d'entretien.

607. Ni le propriétaire, ni l'usufruitier, ne sont tenus de rebâtir ce qui est tombé de vétusté, ou ce qui a été détruit par cas fortuit.

608. L'usufruitier est tenu, pendant sa jouissance, de toutes les charges annuelles

de l'héritage, telles que les contributions et autres qui, dans l'usage, sont censées charges des fruits.

609. A l'égard des charges qui peuvent être imposées sur la propriété pendant la durée de l'usufruit, l'usufruitier et le propriétaire y contribuent ainsi qu'il suit :

Le propriétaire est obligé de les payer, et l'usufruitier doit lui tenir compte des intérêts.

Si elles sont avancées par l'usufruitier, il a la répétition du capital à la fin de l'usufruit.

610. Le legs fait par un testateur, d'une rente viagère ou pension alimentaire, doit être acquitté par le légataire universel de l'usufruit dans son intégrité, et par le légataire à titre universel de l'usufruit dans la proportion de sa jouissance, sans aucune répétition de leur part.

611. L'usufruitier à titre particulier n'est pas tenu des dettes auxquelles le fonds est hypothéqué; s'il est forcé de les payer, il a son recours contre le propriétaire, sauf ce qui est dit à l'article 1020, au titre *des donations entre-vifs et des testaments*.

612. L'usufruitier, ou universel, ou à titre universel, doit contribuer avec le propriétaire au paiement des dettes, ainsi qu'il suit :

On estime la valeur du fonds sujet à l'usufruit; on fixe ensuite la contribution aux dettes à raison de cette valeur.

Si l'usufruitier veut avancer la somme pour laquelle le fonds doit contribuer, le capital lui en est restitué à la fin de l'usufruit, sans aucun intérêt.

Si l'usufruitier ne veut pas faire cette avance, le propriétaire a le choix ou de payer cette somme, et dans ce cas l'usufruitier lui tient compte des intérêts pendant la durée de l'usufruit, ou de faire vendre jusqu'à due concurrence une portion des biens soumis à l'usufruit.

613. L'usufruitier n'est tenu que des frais des procès qui concernent la jouissance, et des autres condamnations auxquelles ces procès pourraient donner lieu.

614. Si pendant la durée de l'usufruit, un tiers commet quelque usurpation sur le fonds, ou attente autrement aux droits du propriétaire, l'usufruitier est tenu de le dénoncer à celui-ci; faute de ce, il est responsable de tout le dommage qui peut en résulter pour le propriétaire, comme il le serait de dégradations commises par lui-même.

615. Si l'usufruit n'est établi que sur un animal qui vient à périr sans la faute de l'usufruitier, celui-ci n'est pas tenu d'en rendre un autre, ni d'en payer l'estimation.

616. Si le troupeau sur lequel un usufruit a été établi, périt entièrement par accident ou par maladie, et sans la faute de l'usufruitier, celui-ci n'est tenu, envers le propriétaire, que de lui rendre compte des cuirs ou de leur valeur.

Si le troupeau ne périt pas entièrement, l'usufruitier est tenu de remplacer, jusqu'à concurrence du croît, les têtes des animaux qui ont péri.

## SECTION III.

### *Comment l'usufruit prend fin.*

Art. 617. L'usufruit s'éteint,

Par la mort naturelle et par la mort civile de l'usufruitier;

Par l'expiration du temps pour lequel il a été accordé;

Par la consolidation ou la réunion, sur la même tête, des deux qualités d'usufruitier et de propriétaire;

Par le non-usage du droit pendant trente ans;

Par la perte totale de la chose sur laquelle l'usufruit est établi.

618. L'usufruit peut aussi cesser par l'abus que l'usufruitier fait de sa jouissance, soit en commettant des dégradations sur le

fonds, soit en le laissant dépérir faute d'entretien.

Les créanciers de l'usufruitier peuvent intervenir dans les contestations, pour la conservation de leurs droits; ils peuvent offrir la réparation des dégradations commises, et des garanties pour l'avenir.

Les juges peuvent, suivant la gravité des circonstances, ou prononcer l'extinction absolue de l'usufruit, ou n'ordonner la rentrée du propriétaire dans la jouissance de l'objet qui en est grevé, que sous la charge de payer annuellement à l'usufruitier, ou à ses ayant-cause, une somme déterminée, jusqu'à l'instant où l'usufruit aurait dû cesser.

619. L'usufruit qui n'est pas accordé à des particuliers, ne dure que trente ans.

620. L'usufruit accordé jusqu'à ce qu'un tiers ait atteint un âge fixe, dure jusqu'à cette époque, encore que le tiers soit mort avant l'âge fixé.

621. La vente de la chose sujète à usufruit, ne fait aucun changement dans le droit de l'usufruitier; il continue de jouir de son usufruit, s'il n'y a pas formellement renoncé.

622. Les créanciers de l'usufruitier peuvent faire annuller la renonciation qu'il aurait faite à leur préjudice.

623. Si une partie seulement de la chose

soumise à l'usufruit est détruite, l'usufruit se conserve sur ce qui reste.

624. Si l'usufruit n'est établi que sur un bâtiment, et que ce bâtiment soit détruit par un incendie ou autre accident, ou qu'il s'écroule de vétusté, l'usufruitier n'aura le droit de jouir ni du sol ni des matériaux.

Si l'usufruit était établi sur un domaine dont le bâtiment faisait partie, l'usufruitier jouirait du sol et des matériaux.

**FIN.**

# TABLE

## DES CHAPITRES ET SECTIONS.

OBSERVATIONS PRÉLIMINAIRES. page 5

PREMIÈRE PARTIE.

DU CONTRAT DE LOUAGE. 7

CHAPITRE I. *De quelle manière se font les baux.* 9

SECTION I. *Du bail pardevant notaire.* Ibid.

SECTION II. *Du bail sous seing-privé.* 10

SECTION III. *Du bail verbal.* 13

SECTION IV. *De l'état des choses louées.* 15

SECTION V. *De la promesse de bail.* 16

CHAPITRE II. *Quelles personnes peuvent faire des baux.* 17

SECTION I. *En quoi consiste la propriété et la jouissance transmissible d'une chose dont on peut faire bail.* 18

SECTION II. *A quelles personnes la loi interdit la faculté de contracter bail.* 19

SECTION III. *Quelles personnes ne peuvent seules contracter bail.* 24

CHAPITRE III. *Pour combien de temps on peut faire des baux.* 25

SECTION I. *Quelles personnes ne peuvent faire des baux d'une durée illimitée.* 28

SECTION II. *Quelles personnes ne peuvent renouveler des baux à volonté.* page 29

## SECONDE PARTIE.

DU BAIL A LOYER. 31

CHAPITRE I. *Obligations du propriétaire.* 32

SECTION I. *Obligation de délivrer au locataire la chose louée.* Ibid.

SECTION II. *Obligation d'entretenir la chose louée en état de servir à l'usage pour lequel elle a été louée.* 35

SECTION III. *Obligation de faire jouir paisiblement le locataire pendant la durée du bail.* 43

CHAPITRE II. *Obligations du Locataire.* 52

SECTION I. *Obligation de garnir les lieux de meubles suffisants, ou de donner des sûretés capables de répondre du loyer.* 54

SECTION II. *Obligation d'user de la chose louée en bon père de famille, et suivant la destination qui lui a été donnée par le bail, ou suivant celle présumée d'après les circonstances, à défaut de convention.* 56

SECTION III. *Obligation de payer le prix du bail aux termes convenus.* 66

SECTION IV. *Obligation d'acquitter les charges imposées par le bail.* page. 91

SECTION V. *Obligation d'acquitter l'impôt des portes et fenêtres.* 92

SECTION VI. *Obligation de souffrir les réparations urgentes.* 96

SECTION VII. *Obligation de prévenir le propriétaire, des troubles qui pourraient être apportés à sa jouissance.* 100

SECTION VIII. *Obligation d'entretenir le bail jusqu'à sa fin.* 101

SECTION IX. *Obligation de remettre à la fin du bail les lieux en même état qu'il les a reçus.* 103

SECTION X. *Obligation de faire les réparations locatives.* 104

CHAPITRE III. *Des sous-locataires.* 111

SECTION I. *Obligation du principal locataire envers le propriétaire.* 112

SECTION II. *Obligations réciproques du principal locataire et du sous-locataire l'un envers l'autre.* 114

SECTION III. *Obligations du sous-locataire envers le propriétaire.* 115

CHAPITRE IV. *Des congés.* 117

SECTION I. *En quel temps le congé doit-il être donné?* 118

SECTION II. *Comment le congé doit-il être donné?* 120

CHAPITRE V. *De la fin des baux.* Page 122

SECTION I. *Ce que doit faire le propriétaire à la fin du bail.* 123

SECTION II. *Ce que doit faire le locataire à la fin du bail.* 125

SECTION III. *Comment peut s'opérer la continuation du bail.* 128

---

## TROISIÈME PARTIE.

DU BAIL A FERME. 130

CHAPITRE I. *Obligations particulières du propriétaire envers le fermier.* 131

SECTION I. *Obligation de fournir au fermier la contenance du fonds loué.* 132

SECTION II. *Obligation d'accorder une remise du prix au fermier, en cas de la récolte, par cas fortuits.* 134

SECTION III. *Obligation d'indemniser le fermier expulsé en cas de vente.* 137

CHAPITRE II. *Obligations du fermier.* Ibid.

SECTION I. *Obligation de laisser en entrant les logements nécessaires au fermier sortant pour finir sa récolte.* 138

SECTION II. *Obligation de garnir la ferme de bestiaux et ustensiles nécessaires à son exploitation.* 139

SECTION III. *Obligation de bien cultiver les terres, et selon l'usage auquel elles sont destinées.* Page 140

SECTION IV. *Obligation d'engranger dans les lieux à ce destinés.* 141

SECTION V. *Obligation de ne pouvoir sous-louer ni céder, s'il cultive avec le propriétaire, à condition de partage.* 142

SECTION VI. *Obligation d'avertir le propriétaire, des usurpations commises sur le fonds.* 143

SECTION VII. *Obligation de payer le propriétaire à l'époque et de la manière convenues dans le bail.* Ibid.

SECTION VIII. *Obligation de faire les réparations locatives.* 145

CHAPITRE III. *De la fin des baux à ferme.* 147

SECTION I. *Comment finit le bail à ferme.* Ib.

SECTION II. *Comment se continue le bail à ferme.* 149

SECTION III. *Ce que doit faire le fermier à la fin du bail.* 150

CHAPITRE IV. *Du privilége du propriétaire, sur les récoltes du fermier et tout ce qui garnit la ferme.* 152

SECTION I. *Privilége sur le prix des fruits de la récolte de l'année.* Ibid.

SECTION II. *Privilége sur le prix de tout ce qui sert à l'exploitation de la ferme.* P. 154
SECTION III. *Privilége sur le prix des meubles qui garnissent l'habitation du fermier.* Ibid.

## QUATRIÈME PARTIE.

DU BAIL A CHEPTEL. 155
CHAPITRE I. *Du cheptel simple ou ordinaire.* 156
SECTION I. *Quelle est la durée de ce bail.* 157
SECTION II. *Quelles sont les obligations du bailleur.* Ibid.
SECTION III. *Quelles sont les obligations du preneur.* 158
SECTION IV. *Comment se partagent les profits.* Ibid.
SECTION V. *Comment se supportent les pertes.* 159
CHAPITRE II. *Du cheptel à moitié.* 161
CHAPITRE III. *Du cheptel donné au fermier.* Ibid.
CHAPITRE IV. *Du cheptel donné au colon partiaire.* 162
CHAPITRE V. *Du cheptel, improprement appelé* cheptel. 163

## CINQUIÈME PARTIE.

DES BAUX DE LONGUE DURÉE. Page 164

CHAPITRE I. *Du bail à vie.* 165

SECTION I. *Obligations du bailleur à vie.* Ibid.

SECTION II. *Droit du preneur à vie.* 166

SECTION III. *Obligations du preneur à vie.* 169

SECTION IV. *De la fin du bail à vie.* 170

CHAPITRE II. *Du bail enphytéotique.* 171

SECTION I. *Obligations du bailleur à bail emphytéotique.* 172

SECTION II. *Droits du preneur à bail emphytéotique.* 173

SECTION III. *Obligations du preneur à bail emphytéotique.* Ibid.

SECTION IV. *De la fin du bail emphytéotique.* 174

CHAPITRE III. *Du droit d'habitation.* 175

---

## MODÈLES ET FORMULES

DE BAUX DE DIFFÉRENTES ESPÈCES ET DE DIVERS ACTES QUI Y ONT RAPPORT. 177

BAIL D'UNE MAISON. Ibid.

*Clauses particulières qui peuvent être insérées dans un bail.* 179

*Paiement de six mois d'avance.* Page 179
*Paiement en monnaie, et non en billets.* Ibid.
*Faculté de résoudre le bail.* 180
*Permission de faire des changements dans le local.* Ibid.
*Résiliation de bail en cas de vente.* 181
*Obligation de faire ratifier le bail par la femme du preneur.* Ibid.
*Obligation de laisser finir le bail d'un locataire d'une partie de la maison.* Ibid.
*Clauses pour un jardin.* 182
*Intervention de caution.* 183
SOUS-BAIL D'UN PRINCIPAL LOCATAIRE. Ibid.
BAIL D'UNE MAISON DE CAMPAGNE. 184
BAIL A FERME. 185
BAIL D'UN MOULIN. 189
BAIL A CHEPTEL. 191
CAUTIONNEMENT DE BAIL. 194
RATIFICATION DE BAIL. 195
TRANSPORT DE BAIL. 196
DÉSISTEMENT VOLONTAIRE DE BAIL. 198
CONTINUATION DE BAIL. 199
CONGÉ. Ibid.
QUITTANCE. 200
DÉCHARGE D'UNE REMISE DE CLEFS. Ibid.

---

TEXTE DU CODE NAPOLÉON, *relatif au Contrat de louage,* 202 et suiv.

Fin de la Table des chapitres, etc.

# TABLE DES MATIÈRES,

PAR

ORDRE ALPHATHÉTIQUE.

## A

Acquéreur. Doit maintenir la jouissance du locataire ou du fermier qui a un bail authentique. 48, 137; quand cependant a-t-il le droit de les expulser, *ibid.* Quand dans ce cas leur doit-il une indemnité, *ibid.*

Animaux. Un locataire ne peut élever, nourrir chez lui des bestiaux et volailles, si le local ne lui a pas été loué en conséquence, 59.

Appartements meublés et garnis. Quelle est la durée des baux de ces appartements, lorsque le temps n'en est point limité dans le bail, ou qu'il n'y a point de bail écrit, 27.

Arrhes. Les arrhes données ne sont pas une preuve du bail consenti, 14.

Autorité publique. L'action en garantie n'a point lieu pour interruption de jouissance ou éviction par autorité publique, 46.

## B

Bail. Ce que c'est qu'un bail, 5. De quelle manière se font les baux, 9. Quelles personnes peuvent faire des baux, 17. Quelles personnes ne peuvent faire des baux, 18 Quelles personnes ne peuvent faire seules des baux, 24. Pour combien de temps on peut faire des baux, 25. Quelle est la durée d'un bail dont le temps n'est point fixé dans l'acte ou qui n'est que verbal, 26. En quel temps peut-on renouveler un bail et quelles personnes peuvent le renouveler à volonté, 29. Le décès du propriétaire ou du locataire, la vente de l'objet loué, n'opèrent point la résiliation du bail, 47, 48.

BAIL PAR ANTICIPATION. Ce que c'est qu'un bail par anticipation, 29. Quand est-il obligatoire, 30. Ceux faits par les maris des biens de leur femme, par les tuteurs des biens des mineurs ou interdits, sont réputés frauduleux, 30.

BAIL PARDEVANT NOTAIRE. Ses avantages, 8. Qui doit choisir le notaire pour contracter ce bail, et qui doit en payer les frais, 9.

BAIL SOUS SEING-PRIVÉ. Qui peut contracter bail de cette manière, 10. Comment ce bail doit-il être fait, 11. Ne peut être produit en justice qu'il ne soit sur papier timbré et enregistré, 12. Ne donne point le droit de faire saisir et vendre; il doit auparavant être reconnu en justice, *ibid.* Quoiqu'antérieur au bail notarié, il n'a point la préférence, 13. Exception, 34.

BAIL VERBAL. Comment il se forme, 13. Quand peut-on se dédire du bail verbal, *ibid.* Quand est-il obligatoire, *ibid.* Comment se règlent les contestations sur le bail verbal, 14. Il ne peut se prouver par témoins, *ibid.*

BAIL INDIVIS. Ne peut se faire sans le concours de tous les copropriétaires, 24. Ce qu'il faut faire lorsque les copropriétaires ne sont pas d'accord sur la location d'un bien indivis, 25.

BAIL A LOYER. Ce que c'est que le bail à loyer, 5, 31. Comment se divise le bail à loyer, 6. Effets du bail à loyer, 31. Modèle d'un bail à loyer, 177.

Modèle d'une ratification de bail, 193. Modèle d'un transport de bail, 196. Modèle d'un désistement de bail, 198. Modèle d'une continuation de bail, 199.

Bail a ferme. Ce que c'est que le bail à ferme, 5, 130. Pour combien de temps est censé fait un bail à ferme, lorsque la durée n'est point exprimée dans l'acte ou qu'il n'est que verbal, 148. Modèle d'un bail à ferme, 184, 185.

Bail a longues années. Ce que c'est qu'un bail à longues années, 164.

Bail a vie. Ce que c'est qu'un bail à vie, 6, 165. Règles sur le bail à vie, 165 *et suiv.*

Bail emphytéotique. Ce que c'est, 6, 165. Règles du bail emphytéotique, 172 *et suiv.*

Bail a cheptel. Ce que c'est, 155. Combien de sortes de cheptel, 156 *et suiv.* Formule d'un bail à cheptel, 191.

Bailleur. Ce qu'on entend par ce mot, 6.

Bois. Ce que doit observer pour la coupe des bois le preneur à vie, 166. Quand et comment peut-il exploiter les bois d'un bail à vie, 167.

C

Cas fortuits. Le propriétaire n'est pas condamné à des dommages et intérêts, lorsque c'est par cas fortuit qu'il n'a pu délivrer la chose louée, 34. De même lorsque le locataire est évincé par cas fortuit, 46. La destruction d'une partie de la chose louée, par cas fortuit, donne lieu à la résiliation, 102. Perte de la récolte par cas fortuit donne droit au fermier à une remise du prix de son fermage, 134. Exception 136.

Changements. Le propriétaire ne peut faire aucuns changements au local qu'il a loué sans le consentement du locataire, 38 *et suiv.* Quels changements peut faire un locataire au local loué, 60. Quels changements le locataire ne peut faire, 61. Modèle d'une autorisation à faire des changements, 180.

Charges. Le locataire est tenu de remplir les charges qui lui sont imposées par le bail, 91. Charges de droit auxquelles le locataire est assujéti, 92.

Cheptel. Voyez *Bail à cheptel.*

Clefs. Quand le propriétaire peut-il exiger la remise des clefs, 123. A quoi s'expose le locataire qui ne fait pas à la fin de son bail la remise des clefs au jour et à l'heure indiqués, 126. Ce que doit faire le locataire en faisant cette remise de clefs, 127. Lorsqu'il y a contestation sur le moment où s'est faite cette remise de clefs, la preuve par témoins est-elle admise, *ibid.* Lorsqu'il n'y a point de preuve, au serment de qui s'en rapporte-t-on, *ibid.* Modèle d'acte de remise de clefs, 200.

Congé. En quel temps doit-il être donné, 118. Comment doit-il être donné, 120. Modèle d'un congé, 199.

Consignation. Quand un locataire doit-il la faire, 79. Elle libère le locataire lorsqu'elle est valablement faite, *ibid.* Quand forme-t-elle une présomption de paiement en faveur du locataire pour les anciens paiements, 81.

Contenance d'un fonds de mesure. Quand un propriétaire doit-il fournir à un fermier la contenance de mesure qui manque à un fonds loué, 132. Quand un fermier doit-il tenir compte à un propriétaire d'un excédant de contenance de mesure sur un fonds loué, 133. Quand doit-on intenter l'action en supplément de contenance de mesure, 134.

CONTESTATIONS. Les contestations sur le prix d'un bail se règlent par les dernières quittances, et, à défaut de quittances, par le serment du propriétaire ou l'expertise que peut faire faire le locataire, 14.

CONTRAINTE PAR CORPS. Quand a-t-elle lieu contre le fermier, 140, 151. La tacite reconduction fait cesser la contrainte par corps à laquelle le fermier s'était soumis par son bail, 151.

CONTRIBUTIONS. Les contributions dues par le locataire, se paient avant tout, 89. Le locataire doit acquitter les contributions foncières dues par le propriétaire, sauf à s'en faire rembourser, 92. Une saisie-arrêt ne dispense pas le locataire d'acquitter ces contributions, *ibid.*

CRÉANCIERS. Doivent maintenir les baux des biens qu'ils ont fait saisir, lorsque ces baux sont authentiques, 48, 102. Les créanciers du locataire en faillite ou poursuivi peuvent user du droit qu'a le locataire de résoudre le bail, 90.

## D

DÉFAUTS. Le propriétaire est obligé de garantir les défauts de la chose louée, 39 *et suiv.* Défauts qu'il n'est pas obligé de garantir, 42.

DÉGRADATIONS. Le locataire répond des dégradations qui ont eu lieu pendant sa jouissance, 64. Quelles sont celles dont il n'est point tenu, *ibid.*

DÉLIVRANCE DE LA CHOSE LOUÉE. Quand et comment se doit faire la délivrance de la chose louée, 32, 33.

DENIER A DIEU. Ce que c'est que le *Denier à Dieu*, 13. Quand peut-on rendre, et quand peut-on retirer le *Denier à Dieu*, 14.

DIMINUTION DE PRIX. Quand un locataire a-t-il droit

à une diminution de prix sur son bail, 77, 99. quand un fermier a-t-il droit à une diminution de prix sur son fermage, 134 *et suiv.*

DOMMAGES ET INTÉRÊTS. Sont dus par celui qui refuse d'exécuter un bail, 14. Quand il y a résiliation de bail pour inexécution des engagements, 149. Sont dus par le *propriétaire* qui ne peut faire jouir son locataire, 19; qui ne lui délivre pas la chose louée avec ses accessoires, en entier et au jour indiqué, 33, 34; quand il arrive au locataire un accident, faute d'avoir fait les réparations nécessaires, 38; quand le locataire éprouve quelque perte, par vice ou défaut de la chose louée, 40; quand le locataire est troublé dans sa jouissance, 44; quand le locataire est évincé, 46. Sont dus par le *locataire*, quand il n'emploie pas la chose louée à l'usage destiné, 57; quand il n'a pas fait les réparations dont il était chargé, et que cette négligence a causé du tort au propriétaire, 64; quand il n'a pas remis les clefs au jour et à l'heure, 126. Sont dus par le *fermier* qui ne cultive pas les terres ou qui les dénature, 141; qui a négligé de prévenir le propriétaire des usurpations et des servitudes qui ont eu lieu à son insu, 143.

## E

ENCLUME. Le locataire qui fait usage d'enclume, est obligé de faire construire un pilier en pierre sous l'à-plomb de cette enclume, 58.

ENREGISTREMENT. En quel temps un bail doit-il être enregistré, 11. Droit d'enregistrement d'un bail, 12.

ETAT. Nécessité de faire dresser un état du local loué, 15. Aux frais de qui cet état doit-il être fait, 16.

Eviction. Ce que c'est que l'éviction, 45. Le propriétaire est tenu de garantir son locataire de l'éviction, 46. En quel cas un propriétaire est-il déchargé de l'éviction de son locataire, 48.

Expertise. Le locataire peut demander l'expertise du local loué, lorsqu'il y a contestation sur le prix du bail, 14.

## F

Faillite. En cas de faillite, ce que doit faire le propriétaire, 83. La faillite du locataire ne résout point le bail; ses créanciers sont obligés de le continuer, 102.

Femme mariée. Ne peut contracter bail, 21. Quand peut-elle s'obliger dans un bail avec son mari, 22. Autorisation dont elle a besoin pour contracter bail, 23. N'est point obligée aux baux qui excèdent neuf ans, 28. Femme séparée de biens ne peut faire des baux qui excèdent neuf ans, sans l'autorisation du mari, 29. Femme mariée doit, après la mort de son mari, maintenir les baux de ses biens propres faits par son mari, 47. Cas où elle n'y est pas tenue, *ibid.*

Fermier. Ce qu'on entend par fermier, 6. Quand le propriétaire doit-il lui tenir compte d'un supplément de mesure de fonds qui manque, 132. Comment doit-il lui-même tenir compte au propriétaire d'un excédant de mesure de fonds, 133. Quand a-t-il droit à une remise du prix de son fermage, 134 *et suiv.* Quand peut-il être expulsé par un nouvel acquéreur, et quelle est dans ce cas l'indemnité qui lui est due, 136. Que doit faire le fermier en entrant dans une ferme, 138. Obligé de garnir la ferme de bestiaux et ustensiles nécessaires à l'exploitation, 139. Doit bien cultiver les terres sans les dénaturer, 140. Doit engranger dans l'endroit de la ferme à ce destiné, 141. Quand peut-il sous-louer, 142. Doit avertir le propriétaire des troubles apportés à sa jouissance et des usurpations et servitudes commises sur les fonds loués, 143. Quand et comment doit-il payer, 144. Quelles sont les réparations à la charge du fermier, 145. Que doit faire le fermier à la fin de son bail, 150 *et suiv.*

FOSSES D'AISANCE. La vidange des fosses d'aisance est à la charge du propriétaire, 37. Toutes les maisons doivent avoir des fosses d'aisance, 41. Le défaut de fosses d'aisance donne lieu à la résolution du bail, *ibid.* Locataire ne peut y jeter ni eaux de vaisselle ni eaux de savon, 65.

G

GARANTIE. Le propriétaire est garant, envers le locataire, de tous les vices et défauts de la chose louée, 39. Il est garant des troubles apportés à la jouissance du locataire, 43. De l'éviction qu'éprouve le locataire, 45. De la jouissance du locataire jusqu'à la fin du bail, 46.

H

HABITATION (*droit d'*). Ce que c'est que le droit d'habitation; ses effets, 175, 176.

I

INCENDIE. Le locataire en est garant; s'il y a plusieurs locataires, tous le sont solidairement, 63; exception, *ibid.*

INDEMNITÉ. Comment se règle celle due au locataire

évincé, en cas de vente, 49; celle due au fermier évincé, 137.

INTERDITS. Ne peuvent contracter bail, c'est au tuteur à les faire, 21. Le bail fait par un interdit avant son interdiction, peut même être annullé, *ibid.* L'interdit relevé de son interdiction n'est point obligé aux baux qui excèdent neuf ans qui ont été faits pendant son interdiction, 28.

INTÉRÊTS. Quand les sommes dues pour loyers produisent-elles intérêts, 83.

## L

LATRINES. Voyez *Fosses d'aisance.*

LOCATAIRE. A droit de se faire délivrer la chose louée en entier avec ses accessoires, au jour convenu ou d'usage, 32, 33. Peut s'opposer aux changements que voudrait faire le propriétaire au local loué, 39. Doit garnir le local loué, de meubles qui répondent du loyer, 54. Doit user de la chose louée suivant l'usage qui lui a été destiné, 56; il doit aussi en faire un usage honnête, 65. Comment doit-il payer, 66 *et suiv.* A quelles poursuites il est exposé de la part du propriétaire, lorsqu'il ne paie point son loyer, 82 *et suiv.* Doit acquitter les charges qui lui sont imposées par le bail, 91. Doit payer les contributions foncières du propriétaire, 92; celles des portes et fenêtres, 93 *et suiv.* Doit souffrir les grosses réparations. 96 *et suiv.* Doit dénoncer au propriétaire le trouble apporté à sa jouissance. 100. Doit maintenir le bail jusqu'à sa fin, 101. Doit à la fin du bail remettre les choses dans l'état qu'il les a reçues, 103 Ce qu'il ne peut emporter à la fin du bail, 104. Doit faire les réparations locatives, *ibid.*; quelles sont ces réparations locatives, 105. Comment doit-il rétablir les choses qui manquent, 109. Quand peut-il sous-louer, 112; ses obligations dans ce cas envers le propriétaire, 113. Ce que doit faire le locataire à la fin du bail, 125, 126.

Location. Ce que c'est que la location, 15.

Louage. Ce que c'est que le louage, 5. Du contrat de louage, 7.

## M

Mari. Peut seul faire les baux des biens de sa femme, 21. Peut autoriser sa femme à faire des baux, 22. S'il est mineur, ne peut autoriser sa femme à faire des baux, 23. Ne peut faire des baux des biens de sa femme qui excèdent neuf ans, 28. En quel temps peut-il renouveler les baux des biens de sa femme, 29.

Meubles. Les meubles du locataire qui garnissent le local loué, sont la garantie du propriétaire, 56. Quand et comment peuvent-ils être saisis, 84. Quels meubles ne peuvent être saisis, 86. Le propriétaire qui n'est pas payé, peut s'opposer à l'enlèvement des meubles du local loué, 125.

Mineur. Ne peut faire des baux, 20. Mineur émancipé peut faire des baux de ses biens, *ibid.* Mineur devenu majeur n'est point obligé aux baux qui excèdent neuf ans, faits par son tuteur, 29.

Moulin. Entretien d'un moulin à vent ou à eau à la charge du fermier, 146. Modèle de bail d'un moulin, 189.

## N

Nullités. Sont nuls les baux faits par des personnes qui n'avaient ni la propriété, ni la jouissance des biens loués, ou qui n'en avaient qu'une jouissance personnelle, 18. Nullité des baux faits par des mineurs, des interdits, des femmes mariées, 20. Qui peut opposer la nullité faute de capacité de pouvoir contracter bail, 24.

O

Obligations du propriétaire envers le locataire, 32 *et suiv.* Du locataire envers le propriétaire, 52 *et suiv.* D'un principal locataire envers un sous-locataire, 114. D'un sous-locataire envers un principal locataire, *ibid.* D'un propriétaire envers son fermier, 131 *et suiv.* D'un fermier envers son propriétaire, 137 *et suiv.* D'un bailleur à cheptel, 157. D'un preneur à cheptel, 156. D'un bailleur à vie, 165. D'un preneur à vie, 169. D'un bailleur à bail emphytéotique, 172. D'un preneur à bail emphytéotique, 173.

P

Pailles et engrais. Le fermier sortant doit les laisser sur la ferme, 150.

Paiement. Le paiement du prix d'un bail n'est point sujet à restitution pour cause de lésion, 67. Comment doit se faire le paiement d'un loyer ou fermage, *ibid.* Le propriétaire ne peut être forcé à recevoir par à-compte ce paiement, *ibid.* En quel temps doit se faire ce paiement, 68. Ne doit se faire par anticipation, 69. Quand peut-on refuser ce paiement, 70. Où doit se faire ce paiement, *ibid.* Entre les mains de qui doit se faire ce paiement, 71. Précautions à prendre quand il se fait en d'autre mains qu'en celles du propriétaire, 72. Frais de paiement sont à la charge du locataire ou du fermier, 76 et 145.

PLANCHERS. Le locataire ne peut les surcharger de marchandises trop pesantes, 61.
POÊLE. A quoi est obligé le locataire qui place un poêle dans le local loué, 62.
PORTES ET FENÊTRES. Contribution des portes et fenêtres est à la charge du locataire, 93. Comment se paie cet impôt, 94 *et suiv.*
PRENEUR. Ce qu'on entend par preneur, 6.
PRESCRIPTION. Quand un locataire et un fermier peuvent-ils opposer la prescription, 82, 145.
PRÉSOMPTION DE PAIEMENT. Quand les quittances forment-elles une présomption de paiement, 79. Quand la consignation en forme-t-elle une, 81.
PREUVE PAR TÉMOINS. N'est pas admise pour prouver l'existence d'un bail, 14.
PRIVILÉGE. Privilége du propriétaire sur le prix des meubles et effets de son locataire 88 *et suiv.* Du propriétaire sur le prix des fruits de la récolte, de tout ce qui sert à l'exploitation de la ferme et des meubles et effets qui garnissent l'habitation, 152.
PRIX. Le prix contesté d'un bail se règle par les quittances; à défaut de quittances, le propriétaire est cru à son serment, 14.
PROMESSE DE BAIL vaut bail; comment doit-elle être faite, 16 et 17.
PROPRIÉTAIRE. Est cru à son serment sur le prix du bail, quand il n'y a point de quittances qui en justifient, 14, 68. Il est cru de même sur la quantité des termes dus, 14. Ses obligations envers le locataire, 32 *et suiv.* Ses obligations envers le fermier, 131 *et suiv.*
PROPRIÉTÉ. En quoi consiste la propriété, 18.
PUITS. Son curement est à la charge du propriétaire, 37. Puits qui manque d'eau ou dont l'eau est corrompue est un vice dont le propriétaire doit garantie au locataire, 40.

## Q

QUITTANCES. Les quittances font foi pour le prix du bail contesté ; à leur défaut, le propriétaire est cru à son serment, 14, 68. Sont à la charge de celui qui les reçoit, 76. Ce qu'on doit observer en se faisant donner une quittance, 77. On ne peut mettre plusieurs quittances sur la même feuille de papier timbré, *ibid.* Quand les quittances forment-elles présomption de paiement, 80. Ce qu'un propriétaire peut exiger d'un locataire qui ne représente point de quittances, 81. Effet que produit une dernière quittance, *ibid.* Modèle de quittance, 200.

## R

RAMONAGE. Le locataire est tenu de faire ramoner les cheminées, 63.

RATIFICATION. Modèle de ratification de bail par une femme, 181.

RENOUVELLEMENT DE BAIL. En quel temps les maris, les tuteurs peuvent-ils renouveler les baux des biens dont ils ont l'administration, 29.

RÉPARATIONS. Grosses et menues réparations à la charge du propriétaire, 36 *et suiv.* Quand le locataire peut-il se faire autoriser à faire faire les grosses réparations au local qu'il a loué, 38. Locataire obligé de souffrir les grosses réparations, 97. Quand peut-il s'opposer à ces réparations, 98, 99. Quelles sont celles qui donnent lieu à une diminution du prix du bail, 99. En quoi consistent les réparations locatives, 105 *et suiv.* En quel temps doivent-elles être faites, 110. Quelles sont les réparations d'entretien auxquelles sont assujétis les preneurs à vie, 169.

Résiliation de bail. Le propriétaire peut demander la résiliation du bail, quand le local menace ruine, 51 ; quand le locataire ne garnit point les lieux de meubles suffisants pour répondre du loyer, 54 ; quand le locataire n'emploie pas la chose louée à l'usage qui lui est destiné, 56 *et suiv.* ; quand le locataire surcharge trop les voûtes et planchers, 61 ; quand le locataire ne fait pas les réparations dont il a été chargé par le bail, 64 ; quand le locataire ne fait pas de la chose louée un usage honnête, 65 ; quand le locataire ne paie point, 83 ; ou qu'il est en faillite, *ibid.* ; quand le fermier ne garnit point la ferme de bestiaux et d'ustensiles nécessaires à l'exploitation, 139 ; quand le fermier ne cultive point ou dénature les terres, 141. Le locataire peut demander la résiliation du bail, quand le propriétaire ne lui délivre point la chose louée en entier avec ses accessoires ou ne la lui délivre point au jour indiqué par le bail ou par l'usage, 32 *et suiv.* Lorsque le propriétaire ne remédie point aux vices ou défauts qui empêchent l'usage de la location, 40 ; lorsqu'il est troublé dans sa jouissance, 44 ; quand les réparations à faire au local le rendent inhabitable, 99 ; quand la chose louée est périe en totalité ou en partie par cas fortuit, 102 ; quand le local menace ruine, 103.

Révendication. Quand un propriétaire peut-il revendiquer les meubles de son locataire qui ont été enlevés ou déplacés, 85. Comment doit se faire cette revendication, *ibid.*

## S

Saisie-arrêt. Que doit faire le locataire à qui il a été signifié une saisie-arrêt, 69, 70.

SAISIE-GAGERIE. Quand le propriétaire peut-il exercer une saisie-gagerie sur les meubles de son locataire, 87 *et suiv.* Quels meubles ne peuvent être saisis, 86; quand le propriétaire peut-il saisir les récoltes de son fermier 141 *et suiv.*

SERMENT. Est déféré à celui qui nie l'existence d'un bail verbal, 14. On s'en rapporte au serment du propriétaire sur le prix du bail, *ibid.* Et sur la quantité des termes dus, *ibid.* On s'en rapporte au serment du propriétaire sur la remise des clefs, 127. On s'en rapporte au serment du propriétaire sur le nombre d'instruments aratoires que doit rendre le fermier sortant, 151.

SOUS-LOCATAIRE. Quand le propriétaire peut-il faire saisir les meubles du sous-locataire, 84, 85. Jusqu'où s'étend le privilége du propriétaire sur les meubles du sous-locataire, 91. Obligations du sous-locataire envers le propriétaire et le principal locataire, 115. Modèle d'un sous-bail, 183.

T

TACITE-RECONDUCTION. Ce que c'est que la tacite-reconduction, 128. Comment elle s'opère et ses effets, 120, 130. Comment s'opère la tacite-reconduction d'un bail à ferme, 150.

TERMES où commencent et finissent les baux, 27. Combien un propriétaire peut-il exiger de termes échus d'un locataire qui n'a point de quittances, 79 *et suiv.* Combien faut-il de termes échus sans payer pour faire résilier le bail, 83. Termes des congés, 118. Terme de grâce accordé à l'expiration des congés pour faire le déménagement et les réparations avant la sortie, 123, 124.

TIMBRE. Le bail doit être sur papier timbré, sous peine d'amende de 30 francs, 11. Les quittances doivent être sur papier timbré, 76. Quittances non assujéties au timbre, 77. On ne peut mettre plusieurs quittances sur la même feuille, sous peine d'amende de 30 francs, *ibid.* Celui qui reçoit la quittance doit fournir le papier timbré, 76.

TROUBLE apporté à la jouissance du locataire, lui donne droit à des dommages et intérêts et à la résiliation du bail, 44. Le locataire doit dénoncer le trouble au propriétaire, 45, 100.

TUTEUR. C'est au tuteur à faire les baux des biens du mineur et de l'interdit, 20. Ne peut louer pour lui-même les biens du mineur ou de l'interdit; exception, *ibid.* Ne peut faire des baux des biens de mineur ou d'interdit qui excèdent neuf ans, 28. A quel temps peut-il renouveler les baux des biens de mineur ou d'interdit, 29.

## V

VENTE. N'annulle point un bail authentique; l'acquéreur est obligé de le maintenir, 48. Elle ne donne point au locataire le droit de résilier le bail, 102. Comment est indemnisé le locataire qui, en cas de vente, est obligé par son bail de sortir, 49. Comment est indemnisé dans le même cas le fermier, 137.

VICES. Le propriétaire doit garantir le locataire des vices de la chose louée, 39 *et suiv.* Ne doit pas garantir de ceux qui rendent seulement l'usage incommode, 42.

VOÛTES. Locataire ne doit pas trop surcharger les voûtes et planchers, 61.

*Fin de la Table alphabétique des matières.*

www.ingramcontent.com/pod-product-compliance
Ingram Content Group UK Ltd.
Pitfield, Milton Keynes, MK11 3LW, UK
UKHW020545180726
13838UKWH00001B/50

9 782329 441085